THE RULES OF THINKING

RICHARD TEMPLAR
リチャード・テンプラー
桜田直美 訳

できる人の考え方のルール

Discover

THE RULES OF THINKING

by

Richard Templar

This translation of The Rules of Thinking is published by arrangement with
Pearson Education Limited through Tuttle-Mori Agency, Inc., Tokyo

はじめに

「我思う、ゆえに我あり」

フランスの哲学者デカルトの有名な言葉だ。

デカルトが言おうとしているのは、要は「私たちが私たちであるのは、考えるからだ」ということだ。そして人間の本質が考えることであるなら、**思考の質が上がれば、生きる能力も向上する**ことになる。

質の高い思考とは、より明確に、効果的に、合理的に考えることだ。質の高い思考からは幸せで成功した人生が生まれ、そして混乱して矛盾だらけの思考からは苦労ばかりの人生が生まれる。思考は感情に影響を与える。正しい思考を身につけることはとても大切だ。土台である思考が正しければ、その上に正しい人生を築くことができるだろう。

この本で私が目指しているのは、思考のコツや戦略を教えることではない。思考テクニックを教える本ならすでにたくさん出ていて、もっと役立つ本を見つけることもできる。しかし、**本書はテクニックの本ではない。思考に対する考え方や心構えの本だ。**自分の思考を理解し、自分の思考を向上させる方法をみなさんに伝授したいと思っている。

昔のことわざはこう言っている。「ひとつの思考を与えれば、その人の脳を一日養うことができる。考え方を教えれば、その人の脳を一生養うことができる」。

私はこれまでの経験や観察から、本当に役に立つ思考法を見つけることができた。この思考法を身につければ、一流の頭脳と精神を手に入れることができる。これぞまさにルールを実践する人の思考法だ。

そして、思考もまた習慣にすぎない。人は起きている間、ずっと何かを考えている。それがあまりに当たり前になっているので、自分が何を考えているかまったく意識していない。そのため、気づかないうちにまったく役に立たないことを考えていたりする。

運転免許のテストを受けるとき、あなたは教習所で習ったことを思い出し、間違えないように注意しながら運転するだろう。しかし運転歴が二年か三年にもなると、何も考えずにハンドルを切ったり、ギアを変えたりする。これは慣れというもので、正しく運転できているのであれば、何も考えずに操作できるのはいいことだ。しかし、いざというときに大切なスキルを忘れていたら困ったことになる。しかもそうなるまで、自分が忘れていることにも気づいていない。

いずれにせよ、自分の思考を意識してモニターするのは大切なことだ。私たちは、新しいスキルを身につけることができる。錆びついたスキルを磨き直したり、身についてしまった悪い思考習慣を捨てたりすることもできる。

最近の研究によると、新しい習慣を身につけるのに必要な日数は六六日間だという。これはきちんとした科学的な研究が導き出した数字であり、裏の意図があるのではないかと疑う必要はまったくない。とはいえ、もちろんこれは平均の数字であり、その新しい習慣が楽しいものなのかという点も、あるいは週一の習慣なのか、それとも毎日の習慣なのかという点も考慮していない（数字の根拠を確認するのはとても大切なことだ。ルール93「統計を信じてはいけない」を参照のこと）。

いずれにしても、二か月かそこら訓練を重ねれば（つまりこの本で紹介しているルールを実践すれば）、質の高い思考をマスターできるという証拠にはなるだろう。

思考の習慣は他の習慣とは違い、完全に無意識のレベルで行えるようにはならない。思考で大切なのは、自分の思考プロセスに自覚的になることだからだ。

まともな思考ができないのは、自分の脳の働きを自覚できていないからかもしれない。つまり**正しい思考を身につけたいなら、「思考のモニタリング」を習慣化するということだ。もっと脳の働きを制御できるようになる必要がある。**大変なことのように聞こえるかもしれないが、そんなに難しいことではない。そもそも私たちは、間違った思考にも多大な労力を注いでいるのだ。その労力を、今度は正しい思考に使えばいい。

思考のモニタリングとは、自分の思考回路を観察し、自分の思考に疑いの目を向けることだ。たとえば、あなたとパートナーが「どちらが皿洗いの当番か」で口論になったとしよう。たいていの場合、どちらも譲らず口論はヒートアップする。しかし思考のモニタリングができる人であれば、ここで冷静に自分をふり返り、「そもそもなぜ私は口論しているのだろう？　ここで本当に起こっていることは何か？」と考えることができる。

こういったケンカで、皿洗いそのものが本当の原因であることはめったにない。本当の原因は、何をやっても感謝されないと感じていること、あるいは性別による役割を押しつけられている、いつも自分ばかり損をすると感じていることとだ。そこまできちんと考えずにいると、たとえそのときはどちらかがお皿を洗うことで決着しても、根本の問題は解決されずに残っている。おそらく近い将来、また皿洗いをめぐって大ゲンカに発展することになるだろう。

賢い思考法を身につければ、より幸せになり、立ち直る力も強くなる。それだけでなく、仕事の生産性や意思決定の能力を向上させることもできる。創造性が増し、問題解決のスキル、物事を分析する力、客観的に批評する力を身につけることができる。賢い思考法には、家庭、仕事、人間関係など、人生のあらゆる側面を向上させる力があるのだ。

ある意味で、この本で紹介しているルールは「考え方のルール」ではないかもしれない。むしろ大切なのは、正しい思考を妨害しているバリアを取り除く方法だ。私利私欲や勝手な思い込みに惑わされることなく、落とし穴を回避することができれば、正しく思考をするのはずっと簡単になるだろう。

この本に登場するルールは、一〇〇個という、とてもきりのいい数だ。どれも基本的なルールだが、あなたの思考パターンを大きく変えて、人生を向上させるには十分な内容になっている。一〇〇個すべてをマスターしたら、今度は自分なりのルールを開発することもできるようになるだろう。もし何かいいルールが見つかったら、それを他の人たちにも広めてもらいたい。

あなたのような賢い思考ができる人をどんどん増やしていこうではないか。

リチャード・テンプラー

できる人の考え方のルール
もくじ

第1章

自分の頭で考えるための6つのルール

第2章

逆境を乗り越えるための11のルール

第3章

健全な思考を養うための15のルール

第4章

計画的に考えるための7つのルール

第5章

クリエイティブに考えるための10のルール

第6章

問題解決のための11のルール

第7章

一緒に考えるための10のルール

第8章

意思決定のための15のルール

第9章

批判的思考を養うための15のルール

第1章

自分の頭で考えるための6つのルール

一流の思考を身につけたいのなら、
自分の頭で考えられる人にならなければならない。
当たり前だが、思考の外注はできないのだ。

自分の頭だけで相対性理論を理解せよと言っているわけではない。
そういう特別な分野は専門家にまかせておこう。
とはいえ、専門家の言葉でもそのまま信じるのは間違っている。
その専門家が信用できるのか、隠された偏見はないのか
といったことは、自分の頭で考えて判断しなければならない。
高度な専門知識が必要な分野は例外として、
その他の場面で、あなたは今から
すべてを自分で考える人になろう。

人それぞれ考え方は違う。ある人にとっては正しい理屈でも、
あなたにとって正しいとはかぎらない。
自分の思考を他人にまかせていては、
正しい答えに到達できるとはかぎらないのだ。

まず本章では、自分の頭で考えられる人になることを目指す。
すべての思考はそこから生まれてくる。

さまざまな考え方の人と付き合う

Rule 1

子どもの頃、たいていの人が親の言うことはすべて正しいと思っている。「食事中にテーブルに肘をつくのは行儀が悪い」「下着は毎日替えるもの」等々。学校に上がると今度は、先生と親の教えに違いがあることに気づく。そして、友達と自分の家の違いにも。

言うまでもなく、同じような考え方の人と付き合うのは簡単だ。価値観が似ていれば共通点も多く、口論の種も少なくてすむからだ。自分が考えていることを相手も言ってくれることで「自分は正しい」と心強くなる。こうしてあなたは同じ考えの人とばかりつるみ始める。パートナーも友人も同じ価値観の人を選び、同じ価値観の人が集まる職場に勤める。

これがいわゆる「**エコーチェンバー**」だ。エコーチェンバーとは、自分の声がエコーのように返ってくる部屋（チェンバー）という意味であり、ずっと自分と同じ考えばかりを聞いている現象のことをさす。

エコーチェンバーの中にいれば、確かに居心地はいい。しかし、そんな環境で本当の自己を確立することができるだろうか？　仲間たちはみな同じ政党に投票し、同じ社会問題に興味を持ち、同じ偏見と同じ価値観を持っている。ＳＮＳでもそういう人とばかりつながる。あなたはどんどん自分の考えに凝り固まり、違う考え方や世界観を完全に遮断する。そうなると、自分の考えを変えることはほぼ不可能だ。

世の中にはいろいろな人がいる。あなたの考えにすべて同意しなくても、すばらしい資質を持つ人はたくさんいる。彼らがあなたより正しい可能性も十分にある。なぜならあなたは自分の頭で考えるのをやめ、仲間と同じ考えであることに満足しきっているからだ。

正しい思考を身につけたいのなら、エコーチェンバーの外に出なければならない。同じ考えに凝り固まらず、視野を広げ、違う考えの人の話に耳を傾けなければならない。

そのためのいちばんの方法は、価値観や嗜好ではなく、人となりで友達を選ぶことだ。**あらゆる年代、文化、家庭環境、社会階層の人と友達になろう。**そうすれば、自分の世界観を広げることができる。ひとつの価値観に固執せず、いろいろな考え方があるということが理解できるようになる。自分とは違う考えの人と一緒にいると、自分の頭で考えなければならなくなるからだ。

Rule 2

他人と異なることを怖がらない

自分の頭で考えたら、どうなるだろう？　家族や友達に受け入れてもらえないかもしれない。職場や学校で孤立するかもしれない。自分の考え方の間違いに気づいてしまうかもしれない。こうした恐怖が、自分の頭で考えるときに最初にぶつかる障害になる。

孤立したくないのは当然だ。しかしどんなことを考えたとしても、自分の頭の中にとどめておけば問題ない。話したくなったときに話せばいい。いきなりまったくの別人になる必要はない。

育った環境が違う人、違う宗教の人などと付き合っていれば、あなたは自分の考えに賛成する人とも、反対する人とも楽しく一緒にいられる。だが、そうでない人生を送ってきた人は、「私の考えはあなたと違う」となかなか口にできない。相手を不快にさせる可能性を受け入れねばならないからだ。そんなときは心の準備ができるまで待てばいい。よく考えたうえで自分の意見を言ったのなら、その選択を後悔することはないだろう。

そして**あなたが相手の考えを尊重しているなら、相手もあなたの考えを尊重するはずだ。**

政治や宗教や価値観だけでなく、仕事や日常の身近なことも自分の頭で考えよう。隣で仕事をしている同僚に、「こっちのやり方のほうがいいと思う」と提案するのだ。

そこで大切なのは、相手の人格を否定せず、あくまで実際的な提案にとどめること。相手を尊重してさえいれば、たいていは好意的に受け止めてくれる。むしろ、あなたに感謝するに違いない。

もし相手があなたの提案を受け入れなくても、自分が否定されているように受け取ってはいけない。もしかしたら、相手の言い分のほうが正しいかもしれない。ここでもまた自分の頭で考えるのだ。**自分が間違っていたと気づくのも、貴重な学びのチャンス。**そこで弱気にならず、思考にさらに磨きをかけよう。

ガリレオやダーウィンを見ればわかるだろう。自分の頭で考える人になるには勇気が必要なのだ。それでも、同僚から「それはいいアイデアだ！」と言ってもらえるだけで、もっと自分の意見を言おうと勇気がわいてくるだろう。

Rule 3

相手の言葉をそのまま信じない

どういうわけか説得力のある人がいる。たとえば、やり手の車のセールスパーソン。たとえば、自分の考えたプランを押し通すのがうまい同僚。そんな人と付き合うには注意が必要だ。自分の頭で考えずに、無批判に彼らの意見に従ってしまいやすいからだ。

自分の考えを押しつけようとする人に出会ったときは、**「この人はなぜ自分の考えを押しつけようとするのか」**、すなわち動機について考えなくてはならない。

あなたを説得することで望みどおりの行動をさせたい人もいれば（たとえば、何かを買ってもらいたい、何かに加入してもらいたい、何かの行事に出席してもらいたい、署名してもらいたいなど）、それ以外の目的がある人もいる。誰でもいいから自分の意見に同意してもらいたいだけで、それ以上の深い意味はないことだってあるかもしれない。

相手の動機がはっきりしたら、それに同意するか否かを決めるのは簡単だ。

たとえば、友達からパーティに誘われたとしよう。友達はきっと最高のパーティになると言っているが、その動機はあなたに一緒に行ってほしいからだ。あなたは友達と一緒に行きたいだろうか？　もし行きたいと思うなら、その理由は、最高のパーティになると思っているから？　それとも友達の誘いに応じてあげたいから？　友達の動機がわかれば、友達の説得にどう対応するかを決めるのも簡単になる。

もちろん、セールスパーソンの動機があなたに車を売ることだけであっても、その車は本当にあなたの求める条件に合っているかもしれない。相手の動機が不純という理由だけですべて拒絶するのは間違いだし、そんなことをしていたら、どこのディーラーからも車を買えなくなってしまう。**相手の動機を知るのは、相手の説得を拒絶するためではない。適度な警戒心を持ち、相手の言葉をそのまま信じないようにするのが目的だ。**

展示会への出展を熱心に勧めてくる同僚がいたとしよう。彼曰く、エンジニアリング関連の優秀な中小企業とつながりたいなら、展示会がいちばんだ、と。

しかし、そういった企業の何割があなたの顧客になってくれるのか？　あなたの同僚は、なぜあなたのマーケティングのことまで気にしてくれるのか？

そこまで考えれば、同僚の言葉をどこまで真剣に検討すればいいか判断できるだろう。

Rule 4

自分の思考を深掘りする

次に考えたいのは、あなた自身の動機だ。

あなたはその思考によって、いったい何を得ようとしているのか？ 人はえてして自分の利益につながる思考をしてしまうもので、しかもそのことを自覚していない。ある考え方をすることによってお金が増えるのかもしれないし、社会的な地位が上がるのかもしれないし、一等地に住めるようになるのかもしれない。

たとえば政治家の多くは、再選できる確率がもっとも高くなる思考を選んでいる。有権者に反対されそうな思考をあえて選ぶことはまずない。

こんな例もある。先日会った男性は、ある求人に応募したが採用されなかったという。彼は不採用の理由にそのときは納得していたが、時が経つにつれ、おかしいと感じるようになっていった。自分に問題があったのではなく、自分の長所を見つけられなかった相手の問題だと考えたのだ。

もちろん、求職者の長所を探すのは面接担当者の責任ではない。求職者が自分でアピールすることだ。しかし彼は面接官の責任だと考えた。そう考えれば、エゴが傷つかずにすむからだ。言うまでもなく、こうした態度では、失敗から学んで次に生かすというチャンスを逃すことになる。おそらく彼は、次の面接でも採用されないだろう。

希望した仕事に採用されなかったら、考えられる理由は二つしかない。自分がその仕事に向いていないか、向いていても、相手にその事実を伝えることに失敗したかだ。

このように自尊心は、自分にとって都合のいいように思考をねじ曲げる大きな原因になる。

あるいは周りに気をつかうタイプの人も、自分の思考をねじ曲げる傾向が強い。上司に気に入られたい、友達グループから仲間はずれにされたくないと思うあまり、自分の考えを押し殺して周りに合わせようとするからだ。

そうやって自分を押し殺すことで、「上司や友達から好かれる」という利益は（少なくともあなたの頭の中では）得られるかもしれないが、そんなことをしているうちは、自分の頭で考える人になることはできないのだ。

Rule 5

感情に訴えてくる人には注意する

自分の頭で考えられるようになるには、人の思考に影響を与えようとする人たちがよく使う戦略を知ることだ。戦略を理解していれば、彼らの影響を受けずにいられる。

彼らの多くは論理よりも感情に訴える。相手の立場で考えれば、人間の共感力や同情心に訴えるのは理にかなった戦略だ。

口のうまい人は、まず互いの共通点を指摘する。相手に子どもがいるなら、自分にも子どもがいることを強調する。相手が会社員なら、自分も会社員であることを強調する。相手が服を買うのが好きなら自分も好きだと言い、相手が猫を飼っているなら自分も飼っていると言う。こうやって共通点が見つかると二人の距離は一気に縮まる。そこで彼らはあなたの手を取って、自分が望む結論へと導いていくのだ。

そこで相手のペースにはまってはいけない。彼らの狙いは、あなたの「心」をつかむことだ。感情にはとても大きな力がある。一度何らかの感情がかき立てられると、理性的にものを考えるのが難しくなる。**相手が感情に訴えてきても、その手には乗らずに、理性的な判断をつねに心がけることだ。**

感情に訴える人は、言葉を使う戦略も好きだ。

たとえばA新聞とB新聞が同じ政治家についての記事を載せたとしよう。A新聞は「勇敢」という言葉を、B新聞は「無謀」という言葉を使うかもしれない。どちらも同じ人物を描写する言葉だが、与える印象はまったく違う。A新聞もB新聞も、そういった言葉の選び方で、自分の考える政治家像を読者にも押しつけているのだ。

人の言葉の選び方にはつねに注意しなければならない。相手が重い意味のある言葉をさりげなく使っても、自分の頭の中で中立的な表現に置き換える。そうすれば感情に流されず、理性的に判断できるようになるだろう。

そして最後に、言葉の選び方であなたの思考に影響を与えようとする人たちも、必ずしもわざとやっているわけではないということを知っておこう。彼らには自分の好きなように考える権利があり、その考えを表現する自由がある。そしてあなたには、その考えに同意するかどうかを決める自由がある。ただ自分の頭で考え、理性的に判断すればいい。

Rule 6

自分の頭で考えてから決める

あなたはここまで読んできたことをすべて信じただろうか？　著者がここまで断言しているのだからという理由で信じているのなら、もう一度よく考えてもらいたい。

もちろん、私はすべて信じている。しかしあなたは、自分の頭で考えてから、信じるかどうか決めなければならない。あなたはなぜ私の言うことは信用できると考えたのか？

人生で誰も信用しないことは不可能だが、何でもかんでも信じるのも困りものだ。どちらか一方の極端な状態にならないためには、自分の頭で考えることがいちばん役に立つ。

都合よく操られる人にならないためには、時間をかけて考えることだ。考えることは、あらゆる物事の解決策になる。

相手からのプレッシャーがあまりにもきついとしたら、それは相手が不安に思っている証拠だ。考える時間を与えることで、あなたが決断を変えてしまうのを恐れているのだ。

たとえば「本日限りの特別サービス！」。個人的には、こういった宣伝文句には絶対に乗らない。おそらく明日になっても同じサービスは存在しているからだ。

バーゲンも基本的に信用しない。バーゲンで買うのは、よく考えて本当に得だと確信できたときだけ。その商品が本当に欲しいなら、安く買えたのはちょっとしたボーナスみたいなものだ。本当に欲しいわけではないのなら、たとえいくらか安く買えたとしても、そこに払った金額の分だけ損になる。

大きな声では言えないが、チャリティにも注意が必要だ。慈善活動の意義を疑うわけではないが、あなたからお金を取ろうとする相手の手口は知っておかねばならない。彼らの戦略は、あなたの罪悪感を刺激することだ。

誰かがあなたの目の前で寄付を求めてきても、お金を支払わなければならない理由はない。小銭を寄付するぐらいならその場で決めてもかまわないが、もしそれ以上の額であれば、その場は断って後でよく考えること。そのうえで寄付すると決めたのであれば、インターネットで寄付してもいいし、翌日にまた同じ場所に戻って寄付すればいい。

それはあまりにも冷たいのではないかって？　そう考えるのもかまわない。なぜなら、少なくともあなたは考えているからだ。

第2章

逆境を乗り越えるための11のルール

健全な思考には「レジリエンス（立ち直る力）」が欠かせない。
生まれつき立ち直りの早い人もいれば、
いつまでも引きずってしまう人もいる。
しかし、どんな人にもある程度のレジリエンスは備わっている。
そしてそれは、正しい思考を身につけることで強化できるのだ。

大切な人の死、虐待、解雇、重病といった出来事から
立ち直るのは容易ではないが、
それでも逆境に強い人は確かに存在する。
彼らはどうやって人生の悲劇に対処しているのか？
立ち直る力の強い人は、自分を信頼している。
自分には人生をコントロールする力があると信じている。
その信念から、自分はどんな困難も乗り越えられるという
自信が生まれているのだ。
私の経験からいえば、人生の悲劇にうまく対処できる人は、
電車に乗り遅れたときの対処もうまい。言いかえれば、
電車に乗り遅れる、あるいは料理を焦がす、ひどい風邪をひく、
お金がなくて欲しい服が買えない、といった
小さな不幸に遭うたびに自分の感情をコントロールしていれば、
人生の悲劇から立ち直る力も自然と身につくのだ。

本章では、レジリエンスが身につく思考の法則について見ていく。

Rule 7

問題と自分を切り離して考える

私の友人が深刻な病気と診断された。周りは心配し、彼女に会うたびに容態を気づかい、何か困っていることはないか、できることがあったら言ってほしいと声をかけた。

彼女はうんざりして、ついに知り合い全員にメールを出した。「みなさんのお気づかいには心から感謝しているが、病気の話はしたくないのでわかってもらいたい」

あとで彼女に聞いたところ、病気の話自体がイヤだったわけではなく、自分と病気が同一視されてしまうのがイヤだったという。

彼女はレジリエンスがとても強く、深刻な病気から立ち直るには、自分と病気を切り離すことが重要であることを本能的に知っていたのだろう。病気になったからといって、周りから病気のことばかり言われていると、**彼女自身まで自分と病気を同一視してしまいそうになる。それをなんとしても避けたかったのだ。**

彼女のアイデンティティは病気だけではない。働く大人、母親、パートナー、友人という大切な役割もある。彼女が認識していたい自分は後者だ。そうして自分の望みをはっきりさせることで、病気を自分のアイデンティティにすることをきっぱりと拒絶したのだ。

解雇や失恋、離婚などで自尊心が深く傷つけられた人も、この「自分」と「問題」を切り離す態度が大切になる。こういった経験をすると、確かに自分の全存在が否定されたように感じてしまうだろう。しかし実際のところ、解雇は完全に会社の都合であって、あなたの能力や人間性とは無関係かもしれない。それなのに自分のせいだと思い込むと、自尊心を回復するまでの道のりを必要以上に大変にしてしまう。解雇されたのなら、いちばん大切なのは新しい仕事を見つけることだ。そこに自信喪失という無駄なストレスを加える必要はまったくない。

失恋しても、離婚しても、希望の職に就けなくても、あなたの全人格が否定されたわけではない。目の前の問題とは関係ないところにある「自分」を思い出してみよう。あなたには友達がいて、あなただけの価値があり、スキルがあり、長所がある。パートナーと別れたからといって、人生が失敗だったわけではない。あなたにとって結婚生活がどんなに大切なものだったとしても、結婚とあなたはまったく別のものだ。そうやって問題と自分を切り離して考えれば、問題に対処するのもずっと簡単になるだろう。

Rule 8

頼りになる人とそうでない人を見分ける

立ち直る力の強い人の多くは、自分を支えてくれる人たちに囲まれている。ここでいちばん大切なのは、あなたのことを心から心配してくれる友達や家族の存在だ。

とはいえ、ある種の人たちは、たとえ善意であっても、いつも間違ったアドバイスばかりしてしまう。物事がうまくいっているときはそういう人たちとも楽しく付き合えるだろうが、本当に困ったときはできるだけ近づかないほうが身のためだ。**困ったときに頼りになる人と、頼りにならない人を普段からきちんと判別しておこう。**

それに加えて、自分がどういうサポートを望むのかについてもはっきりさせておこう。友達からのサポートであれば何でもありがたいというわけではない。実際に助けにならないのであれば、それはサポートではないのだから、きっぱりと断ってかまわない。

第一に、ネガティブな人は避けなければならない。物事の悪い面ばかり見る彼らに悩みを相談したら、あなたの悩みがさらに悪化するシナリオばかり教えてくれるだろう。

とはいえ、ひたすら楽観的に、あなたの悩みを否定する人も避けたほうがいい。彼らの口癖は「大丈夫！　心配することないよ！」。あなたが求めているのは同情や共感であり、自分の感情を否定されることではない。ここで覚えておいてもらいたいのは、**あなたをイヤな気分にさせる人は、本人がどんなつもりであれ、サポート役にはふさわしくないということだ。**相手の言動でほんの少しでもイヤな気分になったのなら、それは相手の問題であり、あなたの問題ではない。

また、あなたに代わって問題を解決しようとする人も避けるべきだ。解決策を押しつけたり、あなたがすべきことを勝手に決めたり、さらにはその決断を勝手に行動に移したりする人だ。これでは、あなたから立ち直る力を奪うのと同じようなものだ。


自分がどんなサポートを望むのかを明確にし、そのサポートを提供してくれる人も見つけたら、困ったときにすぐに頼りになるサポートグループを作ることができる。

忙しいので誰かに子どもの世話を頼みたい？　ただ話を聞いてもらいたい？　面倒な書類仕事を手伝ってもらいたい？　冷凍できるおかずを作ってもらいたい？　**本当にあなたのためを思っている友達は、あなたの望みを叶える最善の方法を探してくれるはずだ。**

Rule 9

「自分の人生は自分でコントロールできる」と考える

人生で起こったことを解釈するとき、人間は大きく二つのパターンに分類される。「すべては運命であり、自分にできることは何もない」と考える人と、「自分の人生は自分でコントロールできる」と考える人だ。科学的にどちらが正しいかはまだ証明されていないが、後者のほうが全般的な幸福度が高いというのは間違いないようだ。

自分の人生は自分でコントロールできるという考え方は、まず何より逆境を乗り越える方法を見つけようというモチベーションになる。自分にできることはほとんどないような状況でも、問題の見方を変えようという気持ちにはなるはずだ。

たとえば、亡くなった人を生き返らせることは誰にもできない。しかし、自分の思考と決断によって、状況に対する自分の反応を変えることができると信じていれば、悲しみを乗り越えて立ち直る方法を見つけることができるだろう。

何か悪いことが起こったら、とにかくそれに対して何かしてみる。**その出来事に直接的な影響を与えることはできなくても、出来事に対する自分の反応ならコントロールすることができるはずだ。**考え方を変え、ヨガでも散歩でもいいので、とにかく何かをして心を落ち着かせる。ここで大切なのは、「何を」するかということではなく、意識的に自分の人生をコントロールすることだ。

レジリエンスは、自分でコントロールしていると実感することで強くなる。仕事に不満があるなら新しい仕事を探す。行政に不満があるなら苦情を入れる。心の問題があるならプロのアドバイスを求める。体型に不満があるならダイエットする。とにかく何でもいいので、効果があると思われる行動を実際に起こすことが大切だ。

知人の男性は、心底嫌っている仕事についに耐えられなくなり、これ以上惨めになりたくないという思いで辞職した。次の仕事はすぐに見つからなかったが、そこで自分を憐れむのではなく、せっかくできた時間を使って文章を書くことにした。ずっと前からやりたいと思っていたことだ。

結局、彼が次の就職先を見つけることはなかった。文章で生計を立てることができるようになったからだ。

Rule 10

柔軟性を身につける

なぜ建物の骨組みには鉄でなく鋼が使われるのか、ご存じだろうか？　鋼が持つ決定的なアドバンテージは、強い力を加えても折れずにしなやかに曲がる、その柔軟性だ。この柔軟性を科学的に説明すると、「元の形に戻る能力（＝弾性）」ということになる。

人間も同じだ。**逆境に見舞われたときは、強い風を受けた鋼と同じように、柔らかく受け流して元の形に戻る力が必要になる。**

人生の嵐に襲われたときは、ちょっとした遊びの部分が必要だ。足を踏ん張って、絶対にぐらつかないという強い意志を持っていれば切り抜けられるわけではない。

たとえば、夢のマイホームを目標に頑張っているとする。あなたは何年もかけて頭金を貯め、理想にぴったりの物件も見つけた。ローンの審査も問題なさそうだ。家の内装はこうしよう、あんな家具をそろえよう……。しかしそのとき悲劇が起こる。ローンの審査に通らなかったのかもしれないし、あるいは悪徳不動産業者にだまされたのかもしれない。

この逆境を乗り越えるカギがレジリエンスだ。もちろんこんな目にあって嬉しい人はいないが、感じるストレスの大きさや立ち直るまでの時間は人によってさまざまだ。「この家以外は考えられない」という気持ちでいる人は、より大きなストレスを感じ、立ち直るまでに時間がかかる。一方で「他にもいい家はある」と柔軟に気持ちを切り替えることができれば、さほどストレスを感じることなく、早く立ち直ることができるだろう。

最初に欲しいと思った家が手に入らないという事実は同じでも、早く気持ちを切り替えて新しい家を探し始めたほうが、早くいい家を見つけられるはずだ。普段から小さな問題にぶつかるたびにこう考えるようにすれば、立ち直りのスキルを磨くことができる。


たとえば、前から気になっていたレストランで友達とディナーを楽しむつもりが、行ってみたら店が閉まっていた――こんなとき、あなたはどう反応するだろう？　せっかくの夜が台無しになったと腹を立てるか、それとも、大切なのはレストランよりも友達と一緒にすごすことだからと、別の店を探せばいいとすぐに気持ちを切り替えるか。

今度そういう状況になったら、**気持ちを切り替える訓練**だと考えるようにしよう。小さな問題への対応がうまくなれば、大きな問題にぶつかっても柔軟に切り抜けることができるようになる。

Rule 11

違う方法を試してみる

今経験している状況がどんなに悲惨なものでも、そこから学べることは必ずある。

先日、パートナーを亡くしたばかりの女性と話をした。彼女は大変な人生を送ってきた。わずか一五歳で母親を亡くしたときは、かなり長い間悲しみを引きずったままだったという。しかし彼女はその経験から学び、今回は同じ過ちをくり返さないと決心していた。これがレジリエンスというものだ。

自分の過去をふり返り、本当に打撃が大きかった出来事を思い出してみよう。そのときあなたはどうやって対処しただろう？　次に逆境に立たされたら、どう対処するだろう？　いつも同じ方法で対処していたら、得られる結果もいつも同じだ。**もし今の結果に不満があるのなら、新しい方法を試すしかない。**

たとえば、不満を口に出さずに自分だけで問題を処理したことがあったとする。もしそれでうまくいかなかったなら、今度は違う方法を試してみよう。それで問題が解決しなかったのなら、さらに違う方法を試してみる。

この態度が役に立つのは、逆境から立ち直るときだけでない。パートナーとの関係がうまくいっていないとしよう。過去の経験から学べることはないだろうか。もっと会話を増やす？　怒鳴るのをやめる？　毎晩遅くまで働くのをやめる？

私の六〇代の友人は、何かに挑戦するときにこう考えるそうだ。「前に同じようなことをしたときはうまくいかなかった。今度は違う方法を試してみよう」。それでうまくいくこともあれば、うまくいかないこともある。たとえうまくいかなくても、同じことのくり返しではないので、少なくとも退屈ではない。

しかし残念なことに、彼のような境地になれる人はかなりの少数派だ。たいていの人はずっと同じ間違いをくり返しては、なぜいつもうまくいかないのかと首をひねっている。

自分を知るのは大切なことだ。自分の弱点を知り、自分の強みを知る。自分がどんな状況に強く、どんな状況に弱いのかを知る。自分が陥りやすいネガティブな感情を知る。それは怒りなのか、落ち込みなのか、自己憐憫なのか、それとも衝動的なものなのか。自分の傾向をよく知るほど、逆境にあってもうろたえず、早く立ち直ることができるだろう。

Rule 12

問題が起こっても大騒ぎしない

私はちょっと具合が悪くなると大騒ぎする傾向があるのだが、このクセを直したいと思っている。それは周囲をイライラさせないためではなく、自分の心の健康のためだ。

「最近どうも具合が悪くて」「やっぱり具合悪そうに見える？　実はかなりきついんだ」などと口にするたびに、具合が悪いことをわざわざ自分に思い出させることになり、本当に「実はかなりきつい」気分になる。これはとても不思議な現象だ。

妻の母親は私とは正反対だ。「風邪はどうですか？」と聞かれると、「何のこと？」と答えて、体調は万全だと言い張る。

ここで大切なのは、実際に彼女は風邪をひいたときのダメージが私より少ないということ。彼女は風邪をひいても、その事実を完全に無視する。誰かから風邪を指摘されても断固否定する。「自分は大丈夫」と口にすることで、実際に大丈夫になる。これもまたレジリエンスのひとつだ。

彼女のような態度は、風邪よりもずっと大きな問題に直面したときにさらに重要になる。**問題が起こっても大騒ぎしないというのは、あきらめることではない。**

彼女も箱入りティッシュは買っているし、温かいレモネードも作る。風邪に対処するためにできることはきちんとしている。とはいえ、たとえレモンが切れていたとしても、「自分は大丈夫」と言い聞かせている彼女はびくともしない。彼女の態度で大切なのは、自分は風邪をひいているという事実を受け入れ、できることはきちんとしたうえで、それ以上の大騒ぎはしないということだ。嘆き悲しみ、文句を言い、腹を立ててもどうにもならない。風邪は自然に治るまでそこにある。彼女はただその事実を受け入れているだけだ。

問題が起こったとき、変えられるものを変えるのは大切なことだ。しかし、自分の力では変えることができない問題もたくさんある。どうしても避けられない問題もあれば、すでに過去のことになっている問題をもあるだろう。**変えられない問題は、遅かれ早かれ受け入れるしか道はない。**そこで初めて、人は次の段階に進むことができる。

自分の力でコントロールできることがひとつあるとすれば、それは、その事実をいつ受け入れるかということだ。

Rule 13

問題から目をそらしすぎるのもよくない

「くよくよしないほうがいい」。何かつらいことがあると、人からこう言われる。

おそらく言うほうの気持ちは、つらい経験だけで十分につらい思いをしたのだから、それ以上自分を追いつめる必要はないということなのだろう。

確かに一理ある考え方だ。不幸のどん底にいるなら、とても前向きな気持ちになれず、立ち直るのは難しい。そこで気を紛らわせて、問題を忘れるようにするのはいいアイデアだ。友達と遊んでも、自然の中で新鮮な空気を吸ってもいい。

しかし、気晴らしをするのはいいことだが、**問題を相手にかくれんぼを続けるのはよくない**。問題から逃げてばかりいると、解決されない問題が山積みになり、将来の大きなストレス源になってしまうからだ。

たまの気晴らし程度なら何の問題もない。しかしそれを長引かせるのは問題だ。**自分の問題から目をそらしていると、反省することもできないし、サポートを求めることも、人**

生のコントロールを取り戻すことも、自分自身を知ることもできない。ある状況の存在を否定していると、その状況を永遠に受け入れられないのだ。

では、どの気晴らしならよくて、どの気晴らしだと問題があるのか？　ここで大切なのは、何をするかではなく、なぜそれをするのかということだ。ちょっとした気晴らしはいいが、問題から逃げるために何かをするのは健全なことではない。もしするのであれば、最低でも現実逃避であることを自覚して、規模を最小限におさえること。

私は毎朝、仕事を始める前に紅茶を淹れることにしている。デスクに向かって仕事モードに入る儀式のようなものだ。確かに一種の現実逃避だが、少なくとも私は自分の行為を自覚している。かかる時間も五分ほどで、少なくとも水分補給には役立っているだろう。この種のちょっとした息抜きや気晴らしであればまったく問題ない。しかし、問題から目をそらすために、一日の半分を気晴らしに費やしているならそれこそ大問題だ。

自分の人生をコントロールするには、現実を直視して、状況を理解し、自分の力で変えられないものを受け入れることだ。一人でじっくり考えることを恐れてはいけない。これは命令ではない。私はただ、あなたにできるだけ早く立ち直ってもらいたいだけなのだ。

Rule 14

自分を好きになる

自分のことが好きな人は、そうでない人に比べ、逆境に対処する能力が高い。つまり、自尊心を高めれば、レジリエンスも高められるということだ。

自尊心とは、自分は人間として価値があると信じる気持ちのことだ。自信と似ているようだが、厳密には違う。自信がある人は、自分のスキルや能力に価値があると信じている。一方で、**自尊心のある人は、自分には本質的に価値があると信じている。**

自尊心の低い人は、自分の欠点ばかりが目についている状態だ。「私は友達がいない」「私はいつも間違える」「私は頭が悪い」……。自分が信じている自分の欠点が、子どもの頃から親や先生に言われていたことであるのなら、思い込みの根はさらに深くなる。

自尊心の高さや低さには、何か明確な基準があるわけではない。すべてはあなた自身がどう思うかの問題だ。**自尊心を高めることができるのはあなた自身しかいない。**

自尊心が低い人は、「それは本当のあなたの価値を反映していない」という私の言葉をどうか信じてもらいたい。

考え方を変えてみよう。人と比較するのをやめる。頭の中にある理想の自分と比較するのもやめる。あなたはあなたのままでいい。一日に一回は、自分がしてきた「いいこと」を意識して思い出すようにする。どんなに小さなことでもかまわない。誰かに親切にしたことや、これまで達成した目標を思い出すのだ。

ネガティブ思考は徹底的に排除する。一日に五キロ歩いたら、「五キロも歩いた！」と自分をほめる。「目標の一〇キロに届かなかった……」などと考えてはいけない。

他の人にできることが自分はできないからといって、自分を責めてはいけない。料理やサッカーはあなたのほうがうまいかもしれない。整理整頓、車のパンクの修理、泣いている子どもをあやすのはあなたのほうが得意かもしれない。すべてが完璧にできる人など存在しない。得意なこともあれば、不得意なこともある。

そして最後に、周りの人にも気をつけなければならない。あなたの欠点を指摘する人よりも、**いいところをほめてくれる人と一緒にいるようにしよう。**欠点ばかり指摘する人の意見は、必ずしも正しいわけではない。それにあなたのためにならないことは確実だ。

Rule 15

コーピングのスキルを身につける

父親が不治の病と診断された、二度目の流産を経験した、パートナーがあなたの貯金をギャンブルで使ってしまった、試験に落ちた、子どもが大きな手術をすることになった、新しい上司が最低だった——そんなつらい状況のときにストレスでつぶれないよう、心理的に対処するのが「コーピング」だ。

世の中にはコーピングの方法がたくさんあり、どれも逆境から立ち直るのを助ける働きをする。つまり、コーピングによってレジリエンスも強くなるということだ。

普段からコーピングのスキルを身につけ、いざというときにすぐに使えるようにしておこう。電車に乗り遅れたとき、いつも批判ばかりする母親と会うとき、ひどい風邪をひいても仕事に行かねばならないときなどに、実際にコーピングを使って練習するのだ。**普段からこれらのスキルを使い、いざというときのために磨きをかけておこう。**

次の章（健全な思考を養うための15のルール）では役に立つ思考法をたくさん紹介している。これらは平常時でも助けになってくれるが、本当に力を発揮するのはやはり危機のときだ。それ以外にも、自分なりのコーピング方法をいろいろ開発しておこう。たとえば、ヨガ、スポーツ、瞑想、サイクリング、お風呂にゆっくり浸かる、友達と出かける、ペットと遊ぶ、といったことだ。そのすべてをマスターする必要はないが、どれが自分にとっていちばん効果的かは知っておこう。

そのときの気分、天候、時間帯、場所によって最適なスキルを使い分けるには、幅広いスキルを身につけておく必要がある。たとえば、家にいるときにしか使えないスキルばかりだというのなら、今度は職場で使えるスキルも開発してみよう。子どもと一緒にいるとき、雪が降っているときのスキルでもいい。

さらに、自分用のコーピング戦略を用意しておくだけではなく、戦略を実行に移すときを見きわめるのも大切だ。「今日は大変な一日だった。気分転換にちょっと走ってこよう」「いっぱいいっぱいの状態だな。子どもが寝たら二〇分瞑想しよう」という思考回路を普段から習慣にしておく。**自分にとって効果がある戦略を知り、それが必要なときを知り、状況ごとに最適な戦略を選べるようにしておこう。**

Rule 16

紙に書くことで気持ちを吐き出す

危機のただ中にあるときは、さまざまな感情やストレスで頭がパンクしそうになる。そんな状態で最も役に立つのは、**頭の中の思考をすべて紙に書くことだ。**

コーピングで難しいのは、自分の思考を止められないことだ。一方、紙に書いた思考はすでに止まっている。思いのたけを一気に吐き出しても、あるいは慎重に文章にして、後から見直して訂正を加える場合でも、いったん紙に書いた思考は、もうあなたの頭の中には存在しない。紙に記録されているので、頭の中に保存してあれこれ悩む必要がなくなるのだ。その紙は誰かに見せてもいいし、見せなくてもいい。すべてあなた次第だ。

紙に書くことには、絶対に忘れたくないことを記録しておくという働きもある。愛する人が亡くなったのなら、その人のいいところをすべて書いておきたいかもしれない。そして何か思い出すたびに、新しく書き加えていく。そうすれば、時間とともに忘れてしまうのではないかという不安を取り除くことができる。

もし誰かが悩みの原因になっているのなら、その人に手紙を書く。相手はあなたを昇進させてくれない上司かもしれないし、あなたの元を去ったパートナーかもしれない。とはいえ私は、その手紙を出すことを勧めるわけではない。それはまた別の問題だ。**ここで大切なのは、自分の気持ちや感情を吐き出してすっきりすることだ。**

紙に書いて気持ちを吐き出す方法はいろいろある。詩を書くことが助けになる場合もあるだろう。もっと現実的な悩みであっても、思考を整理する書き方はたくさんある。たとえばお金の問題で悩んでいるのなら、エクセルなどを使って収入と支出と借金をすべて書き出してみよう。現状がはっきりわかれば、解決策も見えてくるはずだ。

仕事や家庭のことで忙しすぎてまともに考えられないときは、リストを作るといい。リストを作ることにも、頭の中にあることを紙に書いてすっきりするという効果がある。リストに安全に保存されれば、もう自分の頭の中に入れておく必要はない。

頭の中の思考は少ないほどいい。頭の中に渦巻いている思考は、外に出すのがいちばんだ。

Rule 17

自分を責めすぎない

友人たちを自宅での夕食に招いたとしよう。あなたは時間をかけて凝った料理を準備したが、残念ながらオーブンに入れる時間が長すぎたようだ。食べられないわけではないが、思っていたほどおいしくできなかった。こんなとき、あなたの反応は次のどれか？

①気にしない。いちばん大切なのは、みんなで集まって楽しい時間をすごすことだ
②タイマーをセットすべきだった。今度同じ料理を出す前にもう一度練習しておこう
③私の料理は最低だ。なぜ自分で作ろうなどと思ったのだろう？

次に、ある仕事に応募したが採用されなかったとしよう。あなたの反応は？

①残念だが仕事は他にもある。フィードバックをもらって次の面接に生かそう

②面接で失敗した。悪いのは私だ。次の面接では事前にもっと会社研究をしよう
③ただただ私の実力不足が原因だ

①と答えた人は、立ち直る力が強く、人生にはうまくいかないこともあると理解している。だから失敗しても、必要以上に自分を責めることはない。

②と答えた人は、①と比べると少し自分に厳しいが、ここで大切なのはある特定の状況だけで自分を責めているということだ。自分の落ち度を認め、次に向けて達成可能な目標を立てている。

③と答えた人は、たった一度の失敗で自分の全人格を否定する傾向がある。失敗して、自分を否定して、ますます劣等感が深まるという悪循環だ。

③の考え方をする傾向が強い人は、まず②を意識し、最終的に①に到達することを目標にしよう。完璧でなくていい。まあまあのレベルで十分ということもたくさんある。

あなたも今度、何か自分の思いどおりにならないことがあっても、自分を許し、**失敗と自分の価値は関係ない**と考えるようにしよう。

レジリエンスのある人は、自分に優しくする方法を知っているのだ。

第3章

健全な思考を養うための15のルール

思考と感情は本質的につながっている。
幸せで自分に自信がある人になりたいのなら、
そのための正しい思考パターンを身につけなければならない。
いちばん効果があるのは、
ポジティブな感情につながる思考を身につけることだ。

思考を変えるのはとてつもなく難しいという人もいる。
それでも、正しい思考はすべての人にとって役に立つ。
思考もひとつの習慣なので、習慣を変える訓練を重ねれば、
日々の生活は間違いなく向上するだろう。

本章では、日々の生活でメンタルをケアする方法を紹介する。
人は誰でも、できることならいつもいい気分でいたいものだ。
そして、いつも機嫌よくリラックスしているように見える人は
たいてい、本章で紹介するルールを実践している。

もちろん生まれつきの性格の影響も無視できないが、
これらのルールを守っていれば、どんな性格の人も、
強いメンタルと前向きな気持ちを手に入れることができる。

Rule 18

自分は幸せだと考える

何事にも前向きな人は存在する。彼らがいつも前向きなのは、なにも平均よりいい人生を送っているからではない。すべて態度の問題であり、考え方の問題だ。

もちろん、どんなに前向きな人でも落ち込むときはある。たとえば、長年連れ添った妻や夫を亡くすのは、誰にとってもとてもつらい状況だ。すっかり気落ちして、立ち直れなくなってしまうのも理解できるし、実際にそうなってしまう人も多い。

しかし、そうならない人もいる。残りの人生をずっと落ち込みながらすごすことを拒否したからだ。**彼らが立ち直ることができたカギは、考え方にある。**

彼らも確かに落ち込んだ。しかし彼らは、そこで自分に向かって「あなたは幸運だ」と言い聞かせる。パートナーと長年連れ添えたこと、すばらしい子どもに恵まれたこと、喜びに満ちた人生をともに歩めたことは、すべて自分が幸運であることの証だ。この前向きな姿勢のおかげで、彼らは一人になっても人生に立ち向かっていくことができる。

思考は感情に影響を与える。いつでも物事のいい面を見るようにしよう。「コップに半分も水が入っている」と考えよう。水が半分入っているなら、半分は空だということは誰でも知っている。ただ「半分空」という事実にこだわらなければいいだけだ。

自分を憐れんではいけない。「半分空」という思考は、つまるところ自己憐憫だ。そこにこだわり続けると、気分も落ち込んでくる。ネガティブ思考にはある種の中毒性があるのだ。しかしそこで誘惑に屈していては、半分空のコップに人生を支配されることになる。**自己憐憫をしない人は、する人よりも幸せだ。**これは間違いのない事実だ。あなたはどちらの側に入りたいだろう?

何もネガティブになってはいけないと言っているのではない。大切なのは、自分の状況から目を背けず、自分の中にあるネガティブな感情を認めること。

まず現実を認め、そして自分にネガティブな感情を抱く許可を与える。怒ってもいいし、落ち込んでもいい。そして次に、状況の中に前向きになれる要素を探す。たとえば、「お金がないのは大変だけど、少なくとも家賃は払える」というように。

もちろん簡単なことではないが、これこそが、本当に役に立つ考え方のルールなのだ。

Rule 19

他人の問題に意識を向ける

自己憐憫を避ける最も効果的な方法は、自分の問題にばかりかまけるのをやめることだ。内にこもってうじうじ考えていても始まらない。外に出て、他の人の問題に目を向けてみよう。

あなたの友人にも、つらい時期をすごしている人がいるはずだ。どうすれば彼らの力になれるだろう？　彼らはどんなサポートを必要としているだろう？　具体的な助けを必要としている人もいれば、ただ話を聞いてもらいたい人もいる。通院している人がいたら、車で病院まで送ってあげる。代わりに買い物をしてあげる。職探しをしている人には履歴書の書き方をアドバイスする。一日子どもを預かってあげる。あるいは、週に一度電話をしたり、仕事の後に会ったりして相談に乗るだけでもいいかもしれない。

他人のために行動すると、自分の問題を客観的に眺めることができるだけでなく、幸福感も高まる。他人を助けると、自分には価値があると感じることができる（それは当然の感情だ）。そして自分に価値があると感じると、自尊心を高めることができる。それを続けていると、前向きな態度が身につき、自分の問題にも効果的に対処できるようになる。

人のために時間を使うことに決めたのなら（私が心からお勧めする選択だ）、今度はどれくらいの時間をそのために使うかを決める。週に一時間でもいいし、もっと長い時間でもいい。ほとんど責任のない立場で活動してもいいし、大きな責任を伴う立場を選んでもいい。地元のスポーツクラブで週に一度、夜に一時間だけアシスタントとして働いてもいいし、地元の学校でＰＴＡの会長を務めてもいい。地元のマラソン大会や、老人ホームのクリスマスパーティなど、年に一回の行事にボランティアで参加するのもいいだろう。

さらにいえば、できるだけ人と関わる活動にしたほうがいい。家で黙々と封筒に中身を詰めるのも大切な仕事だが、ボランティア活動の利点を最大限に生かしたいなら、助ける相手になる人々と交流するのがいちばんだ。

慈善活動は、相手を助けるだけでなく、同じくらい自分を助けることにもなる。他人のために働くと、自分の問題へのこだわりを忘れることができる。そこで得られたポジティブな姿勢は、この先の人生でずっと大きな力になってくれるだろう。

Rule 20

「今、ここ」に集中する

あなたはどの時間を生きることが多いだろうか——過去、現在、それとも未来? たいていの人は、このうちどれかひとつの時間を生きている。そしてどの時間にもいい点と悪い点がある。

「今、ここ」に集中する生き方は**「マインドフルネス」**とも呼ばれている。マインドフルネスについては多くの研究が行われていて、不安やストレス、うつ状態の軽減という効果があることは明らかなようだ。マインドフルネスをきちんと行いたいのであれば、毎日そのための時間をとって続ける必要がある。そうすることでやがて習慣の一部になり、必要なときにすぐにマインドフルネスの状態になることができる。

マインドフルネスの基本的なやり方を紹介しよう。まず一日に数分でいいので時間をとる。毎日同じ時間、同じ場所で行ってもいいし、日によって違ってもかまわない。静かに行う必要もないし、じっとしている必要もない。歩きながらマインドフルネスを行ってもいい。ただ、周りにあるものと何らかの交流を持たないように気をつければいいだけだ。

そして、ただ目の前の瞬間に意識を集中し、純粋に客観的な観察者になる。その瞬間に起こっていることを認識しながら、それらとの間に距離を保つ。批判はしない。左足に少し違和感があるとか、鳥の鳴き声が聞こえるといったことに気づくだけでいい。自分の思考を認識しながら、思考の内容には評価を加えない。

瞑想と聞くと頭の中を空っぽにしなければならないと思うかもしれないが、マインドフルネスの目的は違う。**思考や感情はあってもいいが、それにとらわれないようにするのがマインドフルネスだ。**とはいえ、最初のうちは間違いなく思考や感情にとらわれるだろう。マインドフルネスの状態になるには練習が必要だ。自分の思考にとらわれていると気づいたら、すぐに「観察」のモードに戻るようにする。「なるほど、私は明日のプレゼンが不安なんだな」「おや、またいつもの対人恐怖が出てきたようだ」というように、**一歩引いて自分の思考を観察する。思考にとらわれず、思考の批判もしない。**

人間は自分の思考にとらわれがちであり、だからこそマインドフルネスが大切になる。マインドフルネスを実行すると、自分自身と、思考や感情への反応を切り離すことができるのだ。

Rule 21

ストレスを感じるかどうかは自分で選ぶ

これは息子から学んだルールだ。お気楽な性格で、できるだけ努力せずに簡単な道を選ぼうとする息子は、大きな試験が迫っていたある日、こう言った。「なんでみんなあんなにピリピリしているのかわからない。試験ってだけで最悪なのに、それ以上自分にストレスを与えてもしょうがないじゃないか。気にしないのがいちばんだよ」

そのとき私は考えた。もしかしたら息子の言っていることは正しいかもしれない。**ストレスもひとつの習慣であり、訓練でその習慣を変えることができるのではないか、**と。

ちなみに私自身は、断続的にストレスを感じるタイプだ。つまり何かあると一気にストレスが高まるが、問題が解決するとストレスレベルはゼロまで下がる。高ストレスとノーストレスのくり返しで、つねにストレスを感じているわけではない。

そこでこのルールを実践するようになってから、私はほとんどストレスを感じずにすごしている。自分でも驚くほどの結果だ。

ストレスの原因になる出来事が起こったときの自分の反応を観察したところ、どうやら脳が自動でストレスモードに入っているようだった。悪い出来事に反応した私の脳は、次のような思考でいっぱいになる。「これからどれくらい悪化するのか？」「どんな悪い影響があるのか？」「どれだけ時間が無駄になるだろうか？」「問題が解決するまでどれくらい大変な思いをするだろうか？」

つまり私の脳は、ストレスを感じる理由や、ストレスを正当化する理由をあえて探していたのだ。次から次へと浮かんでくる思考の目的はただひとつ、それはストレスをさらに大きくすることだ。

今の私はそういう思考を一切やめてしまった。**解決できる問題なら解決する。そして解決できない問題なら、あれこれ心配してもしかたがない。**だからもう何も考えない。わざわざ自分にストレスを与えて、問題を悪化させる必要なんてどこにもない。

そしてもし必要なら、こう自分に言い聞かせるようにしている。「私の大切な人たちはみんな元気だ。それがいちばん大切なことだ」。今の私は、愛する人が元気でいるかぎりストレスとは無縁の生活を送ることができる。

私にできたのだから、あなたにもきっとできるだろう。

Rule 22

「普通」は普通ではない

人は誰でも、「こうあるべき」という思考にとらわれてしまいがちだ。自分は働きすぎだろうか？　自分は変な服を着ているのではないだろうか？　自分は心配しすぎだろうか？　自分は変人なんだろうか？　**自分が人と違っていると心配になるかもしれないが、その違いを含めてあなたという人間の個性だ。**むしろ少しぐらい人と変わっているところがあったほうがいい。あなたは変なものに興味を持っているのかもしれない。変な恐怖症があるのかもしれないし、変な野心があるのかもしれない。どれもすばらしいことだ。

私は地元の高校生に、大学に提出する願書の書き方を指導している。彼らは同じ年齢で同じ学校に通っているが、将来の夢はさまざまだ。フォトジャーナリトになりたい子もいれば、生化学者になりたい子もいる。哲学を学びたい子、プロダクトデザインを学びたい子もいる。とにかく稼げる仕事に就きたいという子もいれば、世界中を旅できる仕事がしたい子、世界を変える仕事がしたい子もいる。みんな違うというのは本当にすばらしいことだ。

人に迷惑をかけないかぎり、すべての違いはいい違いだ。そして個人的に「自分のこういうところは直したい」と思う性質があるなら直せばいい。その性質自体に問題があるわけではない。ただあなたにとっては、何らかの理由で人生を楽しむ妨げになっているというだけだ。

あなたが人と違うと非難してくる人がいても気にする必要はない。もちろんその人が自分の家族や上司であれば、気にしないでいるのはなかなか難しいだろう。しかしここで大切なのは、あなたの違いをおかしいと思うのは彼らの問題であり、間違っているのは彼らだということだ。**人は誰でも、なりたい自分になる権利がある。**ただ人に迷惑をかけなければいいだけだ。

自分の個性を大切にしよう。もちろん、もっと幸せになるために変えたいところがあるのなら、自分を変えるのはいいことだ。しかし、存在しない「普通」に合わせるために自分を変える必要はまったくない。「普通にならなければ」と考えるのは、まったく無駄なプレッシャーだ。もちろんあなたは普通ではない。**あなたはあなただ。**

Rule 23

自分の感情を把握する

思考と感情は同じではない。感情に理屈をつけて正当化する必要はないし、怒りや悲しみ、不満、落ち込みなどを感じる理由を説明できないのも悪いことではない。**理由があるから怒るのではない。ただ怒りという感情がときどき湧いてくるというだけだ。**

そんなわけで自分の感情の理由を他人に説明する必要はまったくないが、とはいえ自分では理解しておいたほうがいいかもしれない。必須というわけではないが、そのほうが自分が楽になる。自分の感情を理性的に分析することができれば、できれば避けたい感情を改善する方法も見えてくるだろう。

最初のステップは、**自分の感情を正確に把握すること**。感情に名前をつけてみよう。自分の感情を最もよく描写している言葉を考えるのだ。ただの「嬉しい」や「悲しい」ではなく、できるだけ具体的なほうがいい。自分は何かに不満を感じているのか？　失望している？　怖い？　不安？　むしゃくしゃする？　イライラする？

感情に名前をつけると、感情を客観的に眺められるようになる。一種のマインドフルネスの状態だ。感情という一時的な現象を、本当の自分から切り離すことができる。

自分の感情を把握できたら、今度はその感情が生じた理由を考えてみよう。 たとえば、仕事の後で会おうと友達に声をかけたが断られ、イヤな気分になったとする。この感情の理由は、パブや映画に行けないことではなく、拒絶されたことかもしれない。よく考えれば自分の本当の気持ちがわかるだろう。

こうして感情の理由を解き明かすと、自分の気持ちを落ち着かせることができる。これで少なくとも感情から距離を置くことはできるし、自分の感情の傾向に気づくこともできる。あなたはがっかりすることが多い？　悲観的になりやすい？　後悔が多い？

これは有益な情報だ。たとえば、がっかりすることが多いと気づいたら、もしかしたら最初の期待が高すぎるのかもしれない。そもそも失望とは、物事が期待どおりにならないときの感情だからだ。それに気づけば、次はもっと現実的な期待値を探ることができる。

思考と感情を切り離すことのもうひとつの利点は、感情のままに行動しなくなることだ。 感情の最悪の状態が過ぎ去るまでじっと待つことができる。たとえば、怒りのメールを返信する、電話で母親に怒鳴る、みんなと外に出かけずに部屋でひとり鬱々と過ごす……こういった行動を実行に移すかどうかも、自分で選ぶことができるのだ。

Rule 24

自分を客観視する

健全な思考を養うには、自分を客観視することが大切になる。自分を遠くから眺めることの利点は、広い視野が手に入ることだ。

数年前、つらい思いをしている人たちの話を聞く傾聴のボランティアをしたことがある。あの経験は人生についてとても多くのことを教えてくれた。人はどうやって逆境に対処するのか、どうすればつらい思いをしている人を助けられるのか、あるいは逆に、何が彼らを追いつめてしまうのか……。

私が観察したところ、逆境に対処する能力とユーモアの間には高い相関性があるようだ。とても笑えないような状況の中にもユーモアを見つけ、自分を笑いの対象にできる人は、たいてい逆境からうまく立ち直ることができる。**自分を笑うには、自分を客観的に眺めなければならない。**おそらくそれが立ち直る力にもつながっているのだろう。

たとえば、傘を忘れてずぶ濡れになる、さあ食べようというときになってオーブンの火を入れていなかったことに気がついたといった些細な問題であれば、自分を笑うだけですべて解決するといっていい。そして本当につらいときも、ユーモアがあれば、どん底まで落ちることなく、なんとか踏みとどまる原動力になってくれる。

私の場合、何か問題が起こったときは、その出来事の笑えるバージョンを頭の中で考えるようにしている。運転中に渋滞にはまったとき、無礼な店員に当たりイヤな思いをしたとき……たいていそれで乗り切っている。

社長をしている友人から最近聞いた話だ。あるとき彼の会社で、オフィスのキッチンの配水管を掃除することになった。社員総出でドロドロのゴミを掻き出し、荷車に乗せて外に捨てようとしたとき、衛生局の担当者が抜き打ち検査にやってきた。荷車に積まれたゴミの山が見つかると困ったことになる。友人はまだ新しいスーツを油まみれにしながら、検査官が後ろを向いているすきに急いで荷車のゴミを窓から外に捨てた。

かなり切迫した状況だったはずだが、友人があまりに面白おかしく話すものだから、聞いているほうも思わず爆笑してしまった。おそらく彼も、あわててゴミを捨てながら状況をどこかで楽しんでいたはずだ。その結果、ストレスでパニックを起こしてもおかしくないような出来事が、彼にとっては最高のエンターテインメントになったのだ。

Rule 25

つねに新しい挑戦を続ける

健全な精神を保つには、つねに頭を動かしている必要がある。それはつまり、新しいスキルを学んだり、新しい知識を身につけたり、新しい経験に挑戦したりといったことだ。新しい何かへの挑戦をやめてしまうと、毎日が同じことのくり返しになってしまう。退屈で刺激のない人生だ。**人間は挑戦を糧に成長するようにできている。**あなたもそうであり、私もそうだ。例外は存在しない。

どんな挑戦を好むかは、人それぞれだ。地元で趣味のサークルを作ることに挑戦する人もいれば、クロスワードパズルに挑戦する人もいるだろう。スペイン語の勉強に挑戦してもいいし、どこか遠い外国に行くことに挑戦してもいい。あなたも自分が楽しめる挑戦を見つけて、実際に挑戦しよう。もちろんひとつに限定することはない。挑戦をたくさん見つけ、すべて実行することができれば、こんなにすばらしいことはない。

新しい挑戦もいつかはマンネリ化するかもしれない。クロスワードパズルが簡単すぎて退屈になった、あるいはスペイン語が十分に上達したのなら、次の挑戦を見つけよう。違うことをすれば、脳の違う部分が活性化される。

何かに誘われても、「知らないから」「今までやったことがないから」と断っている人は、発想を一八〇度転換しよう。**知らないからこそやるのであり、やったことがないからこそやるのだ。**そうでないと、いつも同じことをくり返すだけの人生になってしまう。

知識を増やすのは、新しいスキルを身につけるのと同じくらい大切なことだ。興味のある分野をひとつ選び、徹底的に学んでみよう。世界的な権威になる必要はない。周りの人たちよりもかなり詳しくなるぐらいであれば、そんなに難しいことではない。私の友人にも、仕事以外でとても詳しい分野がある人がたくさんいる。たとえば、書体デザイン、政治史、野草、現代美術、二〇世紀のコンピュータ史、環境に優しい建築技術などなど。

あなたはどんな分野で人から頼りにされているだろう？ もちろん、何かを学ぶのは人から頼りにされるためではなく、自分の頭脳を鍛えるためだ。しかし、人から頼りにされるかどうかで、自分がどれくらいその分野の知識を深めているかがわかる。

「これはあの人に聞くのがいちばんだ」と周りから思われているような分野を持とう。

Rule 26

学ぶ過程を楽しむ①

心理学の理論によれば、新しいスキルを学習するときの心理状態は以下の四つの段階に分けられるそうだ。

・第一段階（無意識の無能力）「自分が最低であることもわかっていない」
自分に能力がないことに気づいていない状態。たとえば車を運転する技術の場合、実際に教習所に通うまで、どんなスキルが必要なのかすらわかっていない。

・第二段階（意識的な無能力）「自分が最低なのはわかっている」
自分に能力がないことを自覚する段階。実際に車を運転してみて、自分はハンドル操作が苦手だ、ブレーキを踏むのが遅すぎる、エンストが多すぎるといったことがわかる。

・第三段階（意識的な有能）「自分が有能なのはわかっている」
自分に能力があることを自覚している状態。筆記試験の点数も高く、急制動も縦列駐車も問題なくできる。

・**第四段階**（無意識の有能）「あまりに有能すぎて自分がどれくらい有能か忘れてしまった」

完全に熟達して意識しなくてもできるようになった状態。運転歴が何年にもなるベテランドライバーで、すべての動作を本能的に行うことができる。

この四段階は、運転だけでなく、あらゆるスキルに当てはまる。また、自分を笑う、自己を認識する、管理能力といった目に見えないスキルも同じだ。

自分の学習プロセスをふり返るのは大切なことだが、この四段階のうち第二段階はまるで楽しくない。自分に能力がないことを自覚するのは、実に面白くない体験だからだ。

第二段階は、自信が粉々に砕かれる場所だ。自分の失敗ばかり目につき、周りが自分よりましに見え、自分は一生できないままではないかと不安になる。

そんなとき、このルール26を思い出してもらいたい。新しい仕事でも、子育てでも、ルールの実践でも、バイオリンの演奏でも、車の運転でも、スキルを身につける段階で必ず自分の無能さを自覚する。学習の段階で誰もが通る道だ。

自信をなくすのは自然なことで、第二段階に入っただけのことだ。ここを乗り越えれば、近いうちに第三段階に入れるだろう。そこまで来たら、第四段階はすぐそこだ。

Rule 27

学ぶ過程を楽しむ②

学習意欲の高い人は、そうでない人よりもはるかに充実した人生を送ることができる。たとえば私は数年前、ある外国語に挑戦した。ぺらぺらになったとはいえないが、それでも意思の疎通はできるくらいには上達したので目標は十分に達成した。レッスンは楽しく、ルール26の第二段階のときでも自分の成長を自覚することができた。

しかし、子どものころに習っていたバイオリンは大嫌いだった。自分の成長が自覚できなかっただけでなく、三〇分もバイオリンを抱えていると腕が痛くてたまらなくなる。腕を下ろしたいから早くレッスンが終わってくれと、ずっとそればかり考えていた。

何かを学ぶときに忘れてはいけないのは、それが継続的なプロセスであるということだ。一瞬でマスターできる魔法の杖は存在しない。学びの過程が楽しくなければ、ずっと熱意を保つことはできないだろう。フルマラソンを完走できるようになるには地獄のトレーニングを何カ月も続けなければならないとしたら、あなたはやる気になるだろうか？

トレーニングの過程にも楽しみは必要だ。走ることを楽しみ、小さな目標を達成することを楽しみ、体調がよくなることを楽しみ、仲間と一緒に走ることを楽しむ。学びの過程そのものが楽しければ、ルール26の第三段階になるまでどんなに時間がかかっても苦にならないだろう。しかも、そうやって前向きな気持ちで取り組んでいれば、多少の後退や足踏みぐらいでへこたれたりしない。自分を客観的に眺められるので、すぐに達人になれるわけがないということがわかっているからだ。

もしあなたがその過程を楽しめないときは、他にもっと楽しめる方法がないか考えてみよう。たとえば、教室に参加して仲間を作る、学ぶ時間を変える、アプリを活用する、先生を変える、友達を誘う、短期集中コースに参加するなど、方法はいろいろある。

学ぶ過程を楽しくするもうひとつの方法は、**自分の進歩に注目する**ことだ。ルール26の学習理論の段階ごとに自分の能力を測定し、最初からどれだけ進歩したか確認しよう。日記のように毎日の進歩を記録するのもいいかもしれない。

ここで大切なのは、自分の学習過程をふり返り、失敗の傾向を学んで修正することだ。ただし失敗にこだわりすぎないこと。**失敗を確認して修正したら、あとはさっさと忘れてしまおう。**たとえどんなに小さな成功でも、成功の数を数えたほうがずっといい。

Rule 28

脳内のリピート再生を停止する

頭の中で同じことばかりぐるぐると考えてしまうのはイヤなものだ。

たとえば、解決できない問題、根拠のない恐怖、自分の対応を後悔している出来事、誰かに言われたこと……こうしたことをひたすら思い悩むのはとてもネガティブな体験であり、ストレス、不安、抑うつなどにつながることが多い。

そして皮肉なことに、イヤなことをぐるぐる考えていると、そのイヤなことに意識が集中してしまう。大切なのはくよくよ思い悩むのをやめることなのだが、それがまた新しい問題を生むことになる。

たとえば私が「ホッキョクグマのことだけは考えてはいけない」と言ったら、あなたはまっ先に何を思い浮かべるだろう？　そう、それはホッキョクグマだ。何かを考えてはいけないと考えると、かえってそのことばかり考えてしまう。それよりも、自分が同じことでくよくよ悩むのをまず認識し、実際にそうなったときの対策を考えたほうがいい。

たとえば、**ネガティブな思考にはポジティブな思考で対抗する**という方法があるかもしれない。飛行機に乗るのが怖いと考えている自分に気づいたら、着陸後に晴れやかな顔で飛行機を降りる自分を想像する。上司にこっぴどく怒られたときのことばかり思い出してしまうなら、そのたびに上司にほめられた経験も思い出す。

くり返し思い出してしまうイヤな出来事があるのなら、出来事そのものよりも、出来事が生み出す感情に注目してみよう。なぜあなたはその出来事でイヤな気分になるのか？　その出来事はどんな感情を引き起こすのか？　恥ずかしい気持ち？　自分が認められていないという気持ち？　罪悪感？　失望？　自分の感情がわかったら、今度は感情を解決する方法を考える。こうすることで出来事と感情を切り離し、本当の問題である感情のほうに意識を集中することができる。

あるいは最終手段として、気分転換もいいだろう。いつものネガティブな思考が始まったら、何かポジティブな思考を生み出すような活動を行うのだ。走る、友達と電話で話す、ゲームをする、テレビを見るなど、あなたにとっていい気分転換になるなら何でもいい。

マインドフルネスはここでも役に立つ。気分転換になるというだけでなく、自分の思考を客観的に眺めることで、自分との間に距離をとることができるだろう。

Rule 29 悪い習慣を迂回する

できればやめたいと思っている悪い習慣は、誰にでもある。

たとえば神経質な人は、玄関のカギがかかっているか何度も確認する、爪を噛むのがやめられないといった傾向があるようだ。毎週日曜日に洗車する習慣なら特に問題はなさそうだが、それをしないと落ち着かなくなるようなら、やはり問題だ。習慣が一種の強迫観念になり、人生が支配されていると感じるようなら、専門家の助けを借りる必要があるだろう。

私の妻は、ストレスや不安を感じると、暖炉や棚の置物をきちんと並べ直すクセがある。これもまだ害が少ないほうだろう。しかし、家中のドアや窓のカギを確認しなければ気がすまないとか、箱に入れるティーバッグの数はつねに偶数でなければならないといったこだわりになると、少々厄介だ。

それでは、その厄介なクセをやめるにはどうすればいいのだろうか。不安になるといつものこだわりがさらにひどくなるのなら、不安が減ればこだわりも緩和されるはずだ。だとすれば、**対策の第一歩は、ストレスや不安の原因を取り除くことだろう。**これはこだわりとは関係なくやったほうがいいことだ。

ルール28で紹介した気晴らしは確かにいい方法だが、**ひとつの習慣を別の習慣と置き換える**という方法もある。タバコを電子タバコに置き換えるというようなことだ。不安になると本棚の整理がやめられないという人は、暖炉の置物の整理に置き換えるといいかもしれない。これなら本棚よりだいぶ時間が節約できるはずだ。しばらく続けてみてから、この習慣もやめようと思うようになるかもしれない。置き換えた習慣が邪魔になるような習慣であれば、いずれさらに邪魔の少ない習慣と置き換える必要がある。

しかし、もっといい方法がある。これから身につく習慣にしか適用できないのが難点ではあるが、習慣になりそうな行動にいち早く気づき、習慣になる前にやめればいい。**悪い習慣をやめる最も簡単な方法は、そもそも習慣にしないことだ。**不安にかられて玄関のカギを確認しにいきそうになったとき、それが生まれて初めてのことであれば、自分の行動を自覚してその場でやめること。歌をうたってもいいし、お風呂に入るのでもいいので、その時こそ何か気晴らしになることをするときだ。

Rule 30

言葉の意味を変えてみる

私の身内に完璧主義者がいる。完璧に仕上げないと気がすまないので、たいてい期限を守ることができない。本人以外は誰もわからないような小さな穴を見つけ、永遠にそれを修正している。締め切りが迫っていても、あるいはすでに過ぎていてもその調子だ。

しかし、この態度には根本的な問題がある。誰かに仕事を頼むとき、頼んだほうが期待しているのは、ある一定の水準と期限の両方を守ることだ。つまり、期限を守ることも「完璧」の中に含まれる。期限を守れないなら、それは完璧ではないということだ。

「完璧」の定義をこのようにとらえれば、期限を守るのが前よりも簡単になる。完璧主義の性格が、期限を守ることにも向けられるようになるからだ。**このように言葉の定義を変えるだけで、人はこだわりから抜け出すことができる。**

言葉の定義は思考に大きな影響を与える。自分の行動や性格を変えたいのであれば、自分が選んだ言葉の意味を変えてみよう。たとえば、「極度の人見知り」という性格をどうにかしたいのなら、「極度の人見知り」という言葉を使うのをやめ、代わりに「物静かな聞き上手」と定義する。そうすれば、自分の社交スキルをもっと高く評価できるようになるだろう。世界はいつでも聞き上手な人を求めている。

自尊心が低いことが悩みなら（おそらくたいていの人がそうだろう）、自分に語りかける言葉に注意しよう。**無意識はつねにあなたの言葉を聞いている。**「私はダメだ」という言葉と、「今回はダメだった」という言葉の違いをきちんと理解する。同じ言葉を何度もくり返していると、その言葉が感情を形成するようになる。

面接は「最低の出来」だったのか？　それとも「理想的な出来ではなかった」のか？　小さな違いのようで、ネガティブの度合いの違いはかなり大きい。あなたの性格は「偉そう」なのか、それとも「自己主張がはっきりしている」のか。何かが「まったくできない」のか、それとも「自分が理想とするほどうまくはできない」のか。「自分勝手」なのか、それとも「自分の面倒は自分で見る」のか。

こんなことをして本当に効果があるのかと思われるかもしれない。しかし実際にやってみれば、考え方の習慣があまりにも簡単に変わることにびっくりするはずだ。そして考え方が変われば、無意識もそれに反応するようになる。

Rule 31

目標を途中で変えない

ある学校の先生から聞いた話だ。向上心がある生徒を指導するときに、いちばん難しいのは彼らの目標を管理することだという。彼らは目標を決めて懸命に努力する。そして目標達成が近づくと、すぐに次のもっと難しい目標を設定する。

頑張り屋なのはいいことだと思われるかもしれない。高い目標を設定し続ける生徒たちは、実際に成績も上がるそうだ。しかし、そうしてつねに上を目指す生徒は、自分の成績に絶対に満足しない。彼らにとっては、いつも目標を達成していない状態だからだ。つまり皮肉なことに、成績が上がるほど自尊心が下がるという結果になってしまう。

多くの人たちも同じことを続けている。仕事でもプライベートでも、つねに目標を引き上げて、永遠に目標を達成できない状態を自分で作り上げている。それなのに、今度は目標を達成できない自分を責めるのだ。こんなバカな話があるだろうか。

階段を思い浮かべてみよう。仮に三〇段の階段とする。この階段には、一〇段ごとに踊り場がある。つまり一〇段上るごとにひと休みして息を整えられるということだ。階段の姿が具体的にイメージできたら、その映像を頭に刻み込もう。

ここで大切なことを言う。**あなたの目標は最初の踊り場に到達することであり、そこから目標を動かしてはいけない。**最初の踊り場まで上ったら、自分をほめてあげよう。よくやった。これで目標達成だ。後ろをふり返り、自分が上った階段を眺めてみよう。あなたはこんなに進歩した。あなたには自分を誇らしく思う権利がある。

さて、こうしてあなたは自分の能力を証明した。そろそろまったく新しい目標を決めてもいい頃だろう。次の目標は、たとえば次の踊り場などがいいのではないだろうか？　そうやって目標を達成するたびに次の目標を決めていれば、目標を達成したときの達成感や喜びを十分に味わうことができる。ずっとこれをくり返していこう。

これは、ただ目標に対する考え方を変えただけだ。達成するまで目標を変えずにいても、達成までのスピードが落ちるわけではない。最終的な到達点も下がらない。

ここで気をつけなければならないのは、小さな目標はそれぞれ別のものだと考えること。ひとつの目標を達成し、十分に成功をお祝いしてから、また次の目標に進もう。

Rule 32

逆の視点から考える

言うまでもないことだが、よく考えずに結論を急ぐのは知的な人間のすることではない。しかしそれが人間関係になると途端に判断力が鈍り、不必要に自分を責めてしまうことが多い。

たとえば私の場合、長い間連絡を取っていない友人がいると、自分の薄情さをよく責めたものだ。自分は友達がいのない人間だ、相手はきっと気を悪くしているだろう、と。

しかし、今の私は違う。誰かと半年間話していないのなら、私から連絡していないだけでなく、相手も連絡してきていないということがわかっているからだ。相手から連絡がなくても、私は別に気を悪くしていない。それなら相手も同じように思っているのではないだろうか？　互いに離れて暮らし、互いに忙しい毎日を送っているのなら、連絡がなくなるのも無理からぬことだろう。これは誰の責任でもない。

道を歩いているときに友達を見かけたが、あちらはあなたと目を合わさず、声もかけなかったとしよう。そんなときまず頭に浮かぶのは、「嫌われている」「避けられている」という思いではないだろうか。しかし、相手に悪気はないのかもしれない。おそらく、ただ単に気づかなかったという可能性がもっとも高いだろう。

自分を責めたくなったとき、あるいは他人から無礼な態度をとられた、失礼なことを言われたと感じたときは、すぐに結論を出してはいけない。つねに他の可能性も吟味する。相手は違う意味で言ったのかもしれない。無礼に見える態度には何か理由があったのかもしれない。言葉の選び方を間違えて、言おうとしていることがうまく伝わらなかったのかもしれない。あなたも身に覚えがあるだろう。彼らもそうだったのではないだろうか？

疑いようのない確かな証拠がないのなら、自分が悪いと思ったり、相手が無礼だと思ったりするのは間違っている。そうでない可能性も十分にあるのだから、そうでないと思っていたほうがずっと幸せになれるではないか。人間関係に小さな誤解はつきものなのだ。

第4章

計画的に考えるための7つのルール

プレッシャーのかかる状況に直面しているとしよう。
あれこれ考えて時間を無駄にするのは避けたい。
そんなとき、素早く論理的な思考ができれば、
必要な行動のために多くの時間を使うことができる。

無意味に動き回っても、なんの成果も得られないこともある。
動く前に、考える時間が必要だ。
きちんと考えて計画を立てておけば、
本当に必要なことを効率よく達成することができる。

計画的な思考ができる人は、
最小の努力で最大の結果を出すことができる。
大家族の世話をして、会社では管理職に就き、なおかつ
友達付き合い、ボランティア、趣味の時間も確保できるタイプだ。
しかも忙しすぎてパニックを起こすことなく、
いつも余裕しゃくしゃくで涼しい顔をしている。
なぜならそういう人は、混乱した思考で
時間を無駄にするようなことがないからだ。

絶望するのはまだ早い。
これは訓練すれば誰でも身につけられるスキルだ。
今からその方法を学んでいこう。

Rule 33 自分は計画的な思考ができると信じる

「生まれつききちんとしている人もいれば、そうでない人もいる」という考え方があるが、果たしてそうだろうか。

泳ぎという能力で考えてみよう。ある種の動物は生まれつき泳げるが（たとえば犬がそうだ）、泳げない動物もいる。ちなみに私は泳げなかったが、練習のおかげでかなりうまく泳げるようになった。だから、生まれつき計画性がないからといって、それを言い訳にはできない。自分を訓練すればいいだけだ。

自分の態度はすべて自分でコントロールできる。たとえ生まれつき泳げなくても、練習すれば泳げるようになる。九九の暗唱も、車の運転も、子育てもできるようになる。あなたがだらしない人間なのは、単に訓練をサボったからであって、それ以外の理由はない。

だらしない人は、そもそもきちんとした人になろうともしない。そんなものは無駄な努力だと思っている。メモをとる、リストを作る、戦略を練る……彼らにとっては、すべて無駄な努力だ。準備なんかどうでもいいから、とにかく始めればいいじゃないか?

しかし、それは違う。明晰な思考力と確かな実行力を身につけたいのなら、こういう態度は最初に捨てることだ。周りを見てみよう。メールの返事を出さない人、航空券をいつも出発の直前に買って倍の値段を払っている人、人に借りた本をなくしてしまう人。彼らは「生まれつきそういう性格だから」と開き直っているが、単にサボっているだけだ。

恥を忍んで告白すれば、私もかつてはだらしない人間の一員だった。しかし、自分の態度が周りに多大な迷惑をかけていること、**計画性のある人のほうが全般的に成功している**ことに気づき、やっと態度を改めることができた。以前の私は、きちんとしているかどうかは生まれつきの性格だと思っていた。できる人は簡単にできて、できない人はどうしたってできないと信じていた。

あなたも明晰な思考力と余裕のある人生を手に入れたいのなら、**最初の一歩は、自分もきちんとした人になれると信じ、そしてきちんとしているほうが幸せになれると信じること**だ。あなただけでなく、あなたの周りの人たちも幸せになれる。

Rule 34

リストを好きになる

リストを作らない人は、リストの何がそんなに嫌いなのだろう？　彼らの答えは大きく二つに分けられる。リストなんか作るヒマがあったらさっさと始めたほうがいいと考えているか、あるいは長いリストを作るのは面倒くさいと考えているかだ。

最初の理由から考えてみよう。まず、**計画を立てるための思考に必要な能力と、実際に行動するときに必要な能力とは別のものだ。**

計画や手順の確認は、脳が思考モードに入っているときに行うほうが早く終わる。記憶力があり、必要な作業を効率よく仕分けすることもできるからだ。たとえば何かの用事を片づけるために出かけるのなら、出かける前にするべきことをすべてリストにしておけば、家に帰ってから「あれを忘れた！」という事態を大幅に減らすことができるだろう。

そしてリストが完成したら、今度は脳を行動モードに切り替える。するべきことはすべて紙に書いてあるので、すべての思考力を行動だけに注げる状態だ。余計なことを考えずに、目の前の行動だけに集中できる。そして集中すると、効率が上がって失敗も少なくなる。ここで大切なのは、最初にリストを作ることで、全体の時間が節約できたということだ。手順がすでに頭の中に入っているので時間を無駄にすることがない。

次に二番目の理由について考えたい。確かに長いリストを作るのは面倒だが、この問題はリストを短くすれば解決できる。短いリストをいくつか作れば、長いリストと同じ範囲をカバーできる。たとえば海外旅行の計画を立てるなら、買うもののリスト、予約するもののリスト、荷物に入れるもののリストなどが考えられる。

私の身内に言わせると、いいリストは次の項目から始まるそうだ。

- **すぐにできること**
- **楽しくできること**
- **すでにやったこと**

このリストなら、はじめから三つめまではすぐに達成できるだろう。そしてその達成感で、四つめからも気持ちよく取り組むことができるはずだ。

Rule 35

自分の頭の外で考える

頭の中が散らかっていると、効率的に行動するのは難しい。「そうだ、Aさんに電話しないと……」「あれがそろそろなくなりそうだな……」「本当は木曜までに終わらせるはずだったんだけど……」などと、今考えても仕方のない無駄な思考が頭のスペースを占領して、目の前にある「やるべきこと」のために使えるスペースが残っていないのだ。

大切なのは、やるべきことをすべてメモすることだ。いくつかメモするだけでは十分でない。どんなに小さなこともすべて書いておかなければならない。

以前、プロジェクトマネジャーをしていたとき、私はどこへ行くにもノートとペンを持ち歩き、人に言われたタスクをひとつ残らずメモしていた。自分のやるべきことや、誰かに指示することを思い出したら、やはりすべてメモする。寝るときはベッドの脇にノートを置き、何か思いついたらすぐメモする。こうして一日の終わりにノートを見返し、内容を整理する。ノートは何でもかまわない。紙のノートではなく、すべての指示を自分にメールしてもいいし、デスクや冷蔵庫の扉いっぱいに付箋を貼ってもいい。

実は、このルールで最も大切なのは「メモをとること」ではない。もちろん書けば忘れないという効果はあるが、本当に大切なのは、あなたの頭の中で起こっていることだ。

書くことによって、頭の中ではさまざまな思考や情報を記憶する必要がなくなり、その分のスペースが空くことになる。あなたはすっきりした頭で、目の前のタスクに臨めるようになる。もし目の前のタスクとは関係ないことが侵入してきたら、何かに書いて片づけてしまう。脳内の大掃除だ。


私はメールをため込まない。その日のメールはその日のうちにすべて処理している。受信トレイに残っているのは必要なメールだけで、送信済トレイに入っているのは相手からの反応が必要なメールだけだ。そして返信が来たら、送信済トレイのメールはすぐにアーカイブする。

そんな面倒なことはしたくないと思う人もいるだろう。しかし私にとって大切なのは、受信トレイと送信済トレイに必要な情報はすべて入っているので、自分の頭で覚える必要がないということだけだ。そのおかげで、自分の頭の中はすっきり片づけておくことができる。

Rule 36

脳内のメモリに余裕を持たせておく

私たちの脳内では、日々の雑多な考えがスペースの大部分を占領している。ルール35では、そこでメモを取り、頭の中をすっきりさせることについて述べた。

しかし、どんなに熱心なメモ魔であっても、書かないことは必ずある。たとえば、スーパーに買い物に行ったとき、店内を回る順番を紙に書いて計画を立てる人は少ない。これらは確かに日常的なことだが、脳のスペースを使っていることに変わりはない。

銀行に電話する。ホームパーティを開く。子どもの新学期の準備をする。人生には考えなければならないことがたくさんある。これらはあなたの無意識に入り込み、生涯にわたって脳のスペースを消費する。普段はその存在に気づかない。**気づくのは、何か大きなことがあって脳が容量オーバーになったときだけだ。**そのため、日常の雑事のための記憶がどれだけ脳の負担になっているか気づかない。

コンピュータにたとえるなら、この雑務のためにRAM（メインメモリ）と呼ばれる記憶装置が必要になる。メモリは保存する情報が増えるほど、作業速度は遅くなるのが特徴だ。

普通の状態であれば、日々のちょっとした用事を覚えておくことは特に大きな負担にはならない。しかし、何かあって考えることが激増すると、とたんに大きな負担になる。だから、近い将来に忙しくなることがわかっているなら、メモリの容量をあらかじめ空けておく必要があるのだ。

大きなプロジェクトが佳境を迎えたときに、家の用事もすべて完璧に覚えていられる人はいない。**頭が疲れたときは、リラックスできることをして自分をいたわってあげよう。**映画を観る、瞑想する、太陽の光を浴びながらお茶を飲む、犬と遊ぶ。方法は何でもいい。

そして忘れてはいけないのが、同じことは他の人にもあてはまるということだ。特に家族がそうであることを忘れてはいけない。試験の真っ最中の子どもが部屋をきちんと掃除することを期待してはいけない。

家庭に関与しない昔風の父親が、母親の大変さを理解しない理由もここにある。子育てや家事が体力的にきついのはもちろんだが、問題はそこではない。母親は家族全員の予定を把握し、面倒を見ることが期待される。つねにメモリが容量いっぱいの状態だ。ストレスがたまって当然だろう。

Rule 37

締め切りと友達になる

締め切りは大切だ。締め切りがなければ、私はこの人生で何ひとつ達成できなかっただろう。締め切りはただの強制だけではなく、モチベーションを与える役割も果たしてくれる。人は締め切りがあるからやる気になるのだ。

締め切りのせいで人生のストレスは増えるかもしれないが、締め切りはむしろ友達だと考えたほうがしっくりくる。締め切りほど集中力を高めてくれるものは他にない。私が締め切りを守ることができるのは、ただ単に締め切りが存在してくれているからだ。

私の友人に、私生活での締め切りが嫌いな人がいる。たとえば「この日からバカンスに出かける」といった締め切りだ。なぜ嫌うのか？　それはＴｏＤｏリストを最後まで片づけることができないからであり、片づけることができないのは、リストの残りが少なくなるとまた新しい項目を足してしまうからだ（ルール31の典型的な違反事例だ）。

たとえば、空港で日焼け止めを買う予定だったとする。しかし準備を進めるうちに、空港に行く前に買って荷物に入れておいたほうがいいだろうと考えを変える。その時点で、買い物に行く手間がひとつ増えた。あるいは、旅行の一週間後は叔母さんの誕生日だからついでにプレゼントを買っておこうというように、旅行とは関係ないこともＴｏＤｏリストに加えていく。こうして友人は「やることがなくならなくて大変だ」と愚痴をこぼす。

たいていの人は彼女と同じような間違いをしている。重要な締め切りが迫っていても、普段どおりの生活を続けようとするのだ。来週でもかまわない電話を今かけたり、友達との飲み会を続けたり、外食でもかまわないのに自炊しようとしたりする。そこまで頑張る必要はないのだ。もっと自分を甘やかしてもかまわない。

たとえしっかり計画したつもりでも、重要な締め切りの前には、日常生活がある程度犠牲になることは覚悟しておく必要がある。誘いや仕事の依頼に何でも「イエス」と答え、締め切り直前になって断るのはストレスがたまるものだ。**締め切り前の一週間か二週間は何も予定を入れないようにしよう。**自分の能力をあまり過信してはいけない。

Rule 38

意思決定に時間をかけすぎない

人生には大がかりな準備が必要なプロジェクトがいくつかある。たとえば引っ越しや、社運を賭けた新製品の発表会、結婚式などだ。この種の計画では、決めなければならないことが山ほどある。すべての決断は、時間をかけようと思えばいくらでもかけられるが、プロジェクトの準備で忙しいとき、時間は最も貴重な資産となる。あまり時間をかけていると、プロジェクトそのものが頓挫しかねない。

何より問題なのが、あなた自身の頭が混乱することだ。あの人に電話をしないと、あれとあれを片づけておかないと、あの日までにあれを決めないと……。大きなプロジェクトに効果的に立ち向かうには、脳の空きスペースをできるだけ増やしておく必要がある。そしてそのためのベストの方法が、意思決定の効率を上げることだ。

時間が限られている状況で、時間をかけていいのは、本当に重要な決断だけだ。そこで発想の転換が必要になる。**時間をかけて絶対的に正しい意思決定をするより、貴重な時間を節約して何かに決めてしまうほうがずっといい。**

もちろん、結婚式場選びまでコインを投げて決めろと言っているわけではない。しかしあなたもわかっているように、コインで決めてもいいような事柄はたくさんあるはずだ。使いかけのシャンプーや洗剤も持っていくか、引っ越し先で新しいものを買うか——これが本当に、時間をかける価値のある決断だろうか？　悩まずにさっさとどちらかに決めてしまい、本当に重要な決断に意思決定の力を残しておくほうがずっといい。

新製品発表会で、参加者につけてもらう名札のデザインは確かに重要かもしれない。しかし、二つか三つの最終候補まで絞ったのなら、どれを選んでもほぼ間違いないだろう。他にも重要なことはあるはずだ。

この発想の転換は意識的に行わなければならない。あなたが無駄に時間をかけている決断は、普段から無意識のうちに時間をかけている決断だからだ。忙しくないときならそれでいいかもしれないが、大きなプロジェクトの最中はもっと有効に時間を使うべきではないだろうか？　そこのところをよく考えてもらいたい（ただしあまり時間をかけないように）。

Rule 39

計画性と創造性を両立させる

リスト、予定表、メモ帳、オンラインカレンダー、スマホのリマインダーなどなど、私たちは予定管理にさまざまな道具を活用している。こういった道具は確かに便利だが、これ以外の選択肢はないと思い込んではいけない。**予定管理に決まった方法は存在しない。好きなだけ想像の翼を広げて、自分に合った独自の方法を考えよう。**

私が知っているある子どもは、統合運動障害と自閉症スペクトラムだと診断された。どちらも発達障害の一種で、自分の体を思ったように動かせなかったり、世間で「普通」とされる行動が苦手だったりする。学校の成績はいいのだが、予定を覚えておく、身のまわりの整理整頓といったことがどうしてもできない。そこで家族は、この子に合わせた独自の方法をつくり、学校の予定、習い事の予定、提出物などを覚えておけるようにした。

その子は家族が決めた方法を試すうちに、自分独自の方法も考えるようになった。予定の色分けをする、学校のカバンにリボンをつける、スマホのタイマーを活用するといったことだ。

彼の場合は、普通なら覚えていることでもリストが必要なことがある。たとえば、曜日ごとに学校へ持っていくものの詳細なリストだ。普通は時間割を見れば持っていくものもわかるが、彼の場合はそうはいかない。


書いて覚える人はたくさんいるが、書く以外の方法のほうが覚えやすいという人もいる。その場合は、ＴｏＤｏリストや手帳や付箋以外の方法ということになるだろう。音楽的な人なら、予定を歌にして覚えることができるかもしれない。他にも色分けや視覚化を活用するという方法もある。視覚化とは、たとえばケーキを作るときに、工程を最初から終わりまで自分の頭の中で思い描くということだ。ある種の人々は、必要な材料のリストを作るよりもこうしたほうが覚えやすいという。

予定やリストの管理で、伝統的な方法にこだわる必要はまったくない。あなたがいちば**んよく覚えていられる方法が、あなたにとってベストの方法だ**。他の人にとっては役に立たなくても、そんなことはどうでもいいではないか。

第5章

クリエイティブに考えるための10のルール

「天才は1%のひらめきと99%の努力である」(エジソン)

インスピレーションについて私の助けは必要ないだろうが、
残りの99%については、正しい道を教えることができる。

私はこれまでクリエイティブな思考の達人たちを観察してきた。
彼らと話し、彼らの思考法を身近で体験した。
そして観察を重ねるうちに、彼らに共通する
暗黙のルールがだんだんと見えてきた。
生まれながらにクリエイティブな才能に
恵まれている人たちは、確かに少数派だ。
しかし残りの多数派である私たちも、
クリエイティブに考えることができる。
ただ自分の頭を訓練すればいいだけだ。

正しい思考の習慣を身につければ、
自然とクリエイティブな発想ができるようになる。
クリエイティブな思考とは、思考の目的地を定めないということ。
思考の出発点はわかっているが、
それがどんな結論になるかはわからない。
発想を限定せず、さまざまな可能性やアイデアを受け入れる。
最高の状態で脳を活用し、たくさんの可能性の扉を開けよう。

Rule 40

ルーティンを崩す訓練をする

日常のあらゆる場面でクリエイティブになるためには、訓練が必要だ。それには、クリエイティブな発想を司る脳細胞をつねに鍛えておく必要がある。

犬の訓練と同じだ。お座りを教えてできるようになっても、それから何年もお座りさせなかったら、すっかり忘れてしまう。お座りができるようになったら、一日に一度か二度はお座りさせることをくり返す。そうすれば、本当に必要なとき、何の問題もなく座らせることができるだろう。

実を言うと、あなたの脳も犬とそんなに変わらない。ある特定の思考パターンを身につけたいのであれば、その思考パターンを何度もくり返して神経の通り道を強化する。そうすれば本当に必要なときに、簡単にその思考パターンを呼び出すことができる。つまり、クリエイティブに考えられる人になりたいのであれば、毎日欠かさずクリエイティブな思考を鍛えなければならないということだ。

しかし問題もある。日々の生活でクリエイティブに考えることはどれだけあるだろう？朝起きて、シャワーを浴び、朝ご飯を食べる。電車に乗って会社に行く。洗濯をする。猫にエサをやる――この流れの中でクリエイティブな思考の出番はあるのか？

ここで大切なのは、**型にはまった思考から抜け出すことだ**。発想を変える訓練をすれば、どんなに日常的なことでも、違う側面を見つけることができる。まずは少しずつでいいので、いつものルーティンを崩してみよう。いつもと違うルートで会社に行く。いつもと違う公園で犬を散歩させる。シャワーを浴びるときにいつもと違う向きに立つ。新しい料理に挑戦する。いつもと違う場所に旅行する。そのすべてがあなたの脳を鍛えてくれる。偏見や先入観を持たず、物事をつねに違う角度から見ることができるようになる。期待どおりの結果を期待しないようになる。

本気でクリエイティブな思考を身につけたいなら、まず訓練の方法を考えるときからクリエイティブになるべきだ。**もしチャンスがないというなら、自分で作ってしまおう**。自分の脳に本当の可能性を見せてあげよう。そうして普段から訓練していれば、クリエイティブな思考が必要な場面がやってきたときに、思いきり想像の翼を広げることができる。

Rule 41

精神に栄養を与え、想像力を鍛える

アインシュタインも、知識よりも想像力が大切だと認めている。昨今、タップやクリックであらゆる知識が手に入るようになったが、ネットがいくら発達しても想像力はダウンロードできない。そして、クリエイティブな思考のカギになるのは想像力だ。つまり、あなたに本当に必要なのは、**あらゆる手段を尽くして想像力を発達させることだ。**

アインシュタインはまた、子どもの知性を育てたいならおとぎ話を読んであげるといいとも言っている。あなたもわが子を頭のいい子にしたいのなら、たくさんおとぎ話を読んであげよう。**物語を言葉で聞くと、頭の中でその場面を想像する。**あなた自身も、おとぎ話を読みながら場面のイメージが浮かんだり、登場人物の声が聞こえたりするだろう。

ここで私からお願いだ。シェイクスピアの『ヘンリー五世』の冒頭部分をぜひ読んでもらいたい。この場面でシェイクスピアは、想像力が持つ力をあますところなく完璧に描写している。想像力を使えば、狭い劇場がフランスの広大な戦場に早変わりするのだ。人間の想像力には無限の力がある。素早く動き回り、鮮やかな絵を描くことができる。その力を眠らせたままでいるのは、ほとんど犯罪的な行為だ。

想像力を鍛えるのに欠かせないのはフィクションを読むことだ。できるかぎり本好きな子に育てよう。映画を観るだけでは本と同じ効果は得られない。映画は想像の余地を残してくれないからだ。もちろん映画は映画ですばらしいが、本の代わりにはなれない。

小さな子どもは魔法を信じている。サンタクロースの存在も信じている。親であるあなたが子どもの想像力を大切にすれば、信じている期間はさらに長くなるだろう。知人の子どもは、ペットの猫が空を飛べると信じている。両親もその子の夢を壊すことは絶対に言わない（たいていの親は、そこで「バカなこと言わないで」などと言ってしまう）。

想像力を鍛えたいのなら、方法は他にもある。詩を読む、文章を書く、好きな音楽を聴く。また、シュールなお笑いは、いつもの思考パターンを抜け出し、発想を飛躍させるのを助けてくれる。特に『モンティ・パイソン』はおすすめだ。

面白いジョークには、決まり切った思考パターンを壊す働きがある。この種のユーモアをたくさん摂取するには、面白い友達と一緒にすごしたり、テレビのお笑い番組などを見たりするといい。楽しみながらクリエイティブな思考も鍛えられるすばらしい方法だ。

Rule 42

脳をその気にさせる

クリエイティブな思考は脳の通常モードではない。普段の人間は何かを「している」のであって、ただ「考える」だけの状態はめったにない。あなたの一日をふり返ればわかる。話す、料理する、テキストメッセージを送る、シャワーを浴びる、テレビを見る、財布から何かを取り出す、スーパーで野菜を選ぶ……どれも具体的な作業ばかりだ。純粋な思考だけの時間はほとんどない。

何かをしながらクリエイティブに考えることがあったとしても、あなたの脳はすぐに目の前の日常に戻っていく。たとえばシャワーを浴びながら空想にふけったとしても、シャンプーが少ないことに気づくと、「そろそろ買わないと」と現実に戻ってしまう。

つまり脳は、こちらが頑張ってその気にさせないと、クリエイティブ思考のモードに入ってくれない。**そこで必要なのが、脳をその気にさせる方法だ。**

最初の一歩は、完全にリラックスできる時間を確保することだ。来客があるとわかっているとき、ミーティングが五分後に始まるとき、トイレに行きたくてたまらないときに、思考を自由に羽ばたかせるのは簡単なことではない。

ポイントは、**自分の頭が最もよく働く時間と方法を知ることだ。**それに合わせて思考しやすい環境を整える。そんなのはわからないという人は、いろいろと実験してみよう。歩くときに最も頭が働くという人もいれば、暗い部屋、あるいはシャワー中、スポーツジム、ある特定の音楽を聴いているときがいちばんだという人もいる。

誰かと話しているときに最も頭が働く人もいるだろう。この点は第7章で詳しく見ていくが、人と一緒に考えるのが適さない場面もある。一流の思考力を身につけたいなら、独力でクリエイティブな思考ができるようになっておきたい。誰かと一緒に考えるのが好きな人は、一人のときは声に出して考えるという方法が助けになるかもしれない。

クリエイティブな発想の達人であれば、時間や場所は関係なく、たとえストレスまみれでも、忙しくても、お腹が空いていても、脳がクリエイティブなモードになって天才的なアイデアを思いつけるものだ。

クリエイティブな思考も脳の習慣のひとつであるから、訓練によって身につけることができる。とはいえ何事もそうであるように、まず基礎をしっかりと固めなければならない。

Rule 43

脳の準備運動をする

ここで準備運動をしよう。実際のエクササイズでは体を動かす前にストレッチを行うが、頭のエクササイズでも同じだ。準備運動の方法はいろいろあるが、注意してほしいのは、いつも同じ運動を選ばないこと。ワンパターン化は絶対に避けなければならない。

ここで必要なのは、思考の筋肉をほぐして「分岐的な発想」の準備をすることだ。分岐的な発想とは、ひとつの出発点からできるだけたくさんの予想外の発想をすることを意味する。この対極にあるのが収束的な思考であり、必要な情報からひとつの答えに到達するときに使う。この思考法を使う典型的な場面は、数学の問題を解くときだ。しかしクリエイティブな発想が必要なときは、収束的な思考をまず捨てなければならない。

根っからの収束的思考タイプの人にレンガの使いみちを尋ねれば、ほぼ全員が「建物を造るために使う」と答えるだろう。しかし分岐的思考タイプに聞くと、玄関のドアに挟んで開けておくために使う、ゴミ箱が風で飛ばないよう重石にする、ガラス窓を割る、坂道で車を止めるために使う、小さく砕いて植木鉢の底の穴をふさぐ、踏み台にして塀の向こうが見えるようにする、などの答えが返ってくる。

たいていの人が、生まれながらに収束的思考タイプか、あるいは分岐的思考タイプに分けられるが、もちろん必要となればどちらの思考も可能だ。お店でお釣りをかぞえるときは、誰もが収束的思考をする。「誕生日のプレゼントは何が欲しい？」という質問への答えを考えるときは、おそらく分岐的思考になるだろう。

先ほどのレンガの質問は頭の準備運動に最適だ。思考の筋肉をほぐして、想像力を羽ばたかせる態勢を整えることができる。誰でも知っている日常的なものをあげ、本来の目的ではない使いみちを二分以内に一〇個考える。ティッシュペーパー、マグカップ、電話、本、穴あけパンチなど、本当に何でもいい。

とはいえ、いつもこうやって思考のセッションを始めていたら、やはりワンパターン化は免れない。他の方法も取り入れ、同じ方法ばかりくり返さないようにしよう。ここで大切なのは、クリエイティブな脳を刺激して本来の目的に備えることだ。

Rule 44

自由に発想する

さあ、今からジェットコースターのような思考実験を始めよう。シートベルトは締めないほうがいい。思考をシートベルトで縛っていては、発想を自由に羽ばたかせることができないからだ。自由な発想は、クリエイティブな思考のカギになる。

当面の目標はアイデアを出すこと。どんなアイデアでもかまわない。とにかく思いつくものはすべてあげる。二つの分野でノーベル賞を受賞した化学者のライナス・ポーリングも、「いいアイデアを出したいのなら、たくさん出すことだ」と言っている。すべてのアイデアが天才的である必要はない。この時点でアイデアをフィルターにかけていたら、絶対に捨ててはいけないアイデアも捨ててしまうことになるだろう。

ある友人が、包装紙を再利用すればエコになるというアイデアを思いついた。くだらないアイデアだと思われるかもしれない。本当にエコになるなら誰かがすでにやっているからだ。それに紙はすぐに破れる。しわにもなりやすい。また、多くの人はプレゼントを開けるときに包装紙を破いてしまう。普通に考えたら、このアイデアは使い物にならない。

しかし友人は違った。そして現在、再利用できる包装紙のビジネスを立ち上げて成功している。彼女は人々の態度を変えるのをあきらめ、代わりに紙そのものを変えるというアイデアを思いついた。言われてみれば当然の発想だ。しかし、彼女が最初のアイデアをまるで包装紙のように丸めて捨ててしまっていたら、この発想は生まれなかっただろう。

とにかくこの段階では、たくさんのアイデアを出す。良し悪しの判断は後でいい。脳は同時に二つのモードで働くことが苦手なのだ。想像力を働かせながら、同時に分析もしようとすると、どちらも中途半端になってしまう。車の運転にたとえるなら、アクセルとブレーキを同時に踏むようなものだ。

アイデアをたくさん出したいなら、出たアイデアをそのつどメモするのはいい方法だ。忘れてしまったらどうしようという心配に邪魔されることなく、自由に想像の翼を広げることができる。紙に書いてもいいし、ボイスメモに残してもいい。何らかの形で記録されていれば、今のアイデアを忘れないように注意しながら次のアイデアを考えるというわずらわしさから解放される。

Rule 45

箱の外に出て考える

昔から「箱の外に出て考えろ」とよく言われる。「箱」とはつまり硬直した思考のことだ。箱の中にいるかぎり、いつも同じ思考の筋道を通って、同じ結論に到達するしかない。ビジネスの世界では、箱を見つけられた人のほうが優位に立てる。**箱が見つかれば、箱の外に出て考えるのは簡単になる。**だから、まず箱を見つけることがあなたの出発点だ。

例をあげよう。うちの近所では、パン屋さんはたいてい繁華街にある。人がたくさん集まるからだ。だからパン屋を開きたいのなら、人が集まる繁華街を選ぶのがいちばんだ。

しかし今から二年ほど前、箱の外に出て考えた人がいた。彼らは町外れの小さな工業団地にカフェつきのパン屋を開いたのだ。工業団地といっても規模は小さく、そこで働く人だけでは十分な客数にはならない。たいていの人は失敗を予想するだろう。しかし現在、そのパン屋は地域でいちばん人気があり、カフェはいつもお客で埋まっている。

その理由は、繁華街よりも車の駐車が簡単で、人と会うのに適していたからだ。彼らは

「パン屋は繁華街に開く」という箱を見つけ、その外で考えたのだ。

一度に複数の箱に入っている可能性もある。たとえば、市民会館で結婚披露宴を開く計画を立てるとしよう。その場合、まず「市民会館」が箱になる。他にもっといい場所があるのではないか？　また「披露宴」という発想も箱かもしれない。さらには「結婚」そのものも箱になる。もちろん、そこまで考えたうえで最終的には正式に結婚し、地元の市民会館で披露宴を開くかもしれない。あるいは結婚ではなく駆け落ちを選ぶかもしれない。結婚はするが、披露宴ではなく食事会にするかもしれないし、仲のいい友達二人と一緒に登記所で式を挙げ、そのままハネムーンに出かけて、帰ってから大きなパーティを開いて披露宴の代わりにするかもしれない。可能性はいろいろある。

箱の外に出たからといって、もう箱の中に戻れないというわけではない。しかし、一度は箱の外を見ておくのは大切なことだ。そうすれば、自分は本当に箱の中が好きなのか、それとも他に選択肢がないと思っていただけなのか判断できる。**たとえ箱の中に戻ることを選んでも、一度外に出た経験があれば、あなたの地平線は確実に広がっている。**外の景色を知っていれば、箱によって視界が遮られることもない。最初からずっと箱の中にいるよりも発想が柔軟になり、クリエイティブな思考ができるようになっているはずだ。

Rule 46

まったく新しい視点で考えてみる

あなたは今、脳をクリエイティブな思考のモードに誘う儀式をしているところだ。箱を見つけ、箱の外にも出た。批判的な思考を捨て、すべてのアイデアを受け入れる準備ができている。さて、次は何をすればいいのだろう?

取っ掛かりとしては、**まず自分のプロジェクトを他人の視点で眺めることだ**。たとえば新しいサービスを始める計画を立てているのなら、顧客の視点で眺めてみる。彼らは新サービスに興味を持つだろうか? もし持たないなら、何が彼らの興味をひくか? 彼らはいつ、どこで情報を知りたいと思うだろうか? 彼らは情報を信じるだろうか? どうすれば彼らに大きな関心を持ってもらえるだろうか?

市民会館での披露宴を計画しているのなら、招待客の視点から考える。招待客から見ていい披露宴とは何だろう? 悪い披露宴とは? それを決める基準は、待ち時間の合計なのか？　食事なのか？　知り合いがいるかどうか？　ドレスアップできること？

ここで大切なのは、物事をまったく新しい視点から眺めることだ。その結果、たとえば結婚披露宴を旧友が集まるチャンスにしようと考えるかもしれない。あるいは、一生の思い出になるような食事を提供することが最も大切だという結論になるかもしれない。または招待客すべてが参加できるような集まりを目指すかもしれない。

方向性が決まったら、その方向をどこまでも突きつめることが大切だ。すると最終的に、招待客全員に子どもの頃の動画を提出してもらうことになるかもしれない。あるいはすべての食事を天井からキラキラ光る紐で吊すかもしれない。どういう結論になるか、実際に**やってみるまでは誰にもわからないが、面白くて独創的なアイデアが出てくることだけは間違いない。**

とあるアイスクリームショップが、クリスマスに合わせて新しい味のアイスクリームを出すことにした。そこで「お客さんはクリスマスの時期にどんな味を食べたいだろう」と考え、最終的に「毛布にくるまれた豚（ソーセージ入りのパン）アイス」を考案した。誰が聞いてもまずそうだと思うだろうが、それでも彼らはゴーサインを出した。すると驚いたことに食べた人の評判は上々で、全国ニュースでも紹介されることになったのだ。

Rule 47

新しい思考の通り道をつくる

あなたが目指しているのは、頭の中に新しい思考の通り道をつくることだ。たとえば、これまで一本の道でつないだことがないような出発点と終着点を決めてみる。トンブクトゥに行ったことがなければ、たとえば自宅の玄関が出発点でも、新しい道を通らなければトンブクトゥにはたどりつけない。

人間の脳も同じだ。脳にも新しい道を通らせよう。そうやって脳を鍛えていくと、目の前の問題の解決策を思いつけるだけでなく、クリエイティブな能力の向上にもつながる。

まずは目の前のプロジェクトを出発点にしよう。それはリビングの模様替えかもしれないし、イベントの運営、広告キャンペーンの企画かもしれない。出発点が決まったら、今度は終着点だ。あなたはどこへ行きたいだろう？　魚。幸せ。地球温暖化。マルクスの哲学。郵便切手。辞書をでたらめに開いて目に入った言葉を選ぶ。何でもいい。とにかく何かを選んで、あなたのプロジェクトとのつながりを考えてみよう。
「郵便切手」という言葉から何を連想する？　切手はとても小さく、裏に糊がついている。多くの切手は縁がぎざぎざになっている。一枚でも、シートでも買える……。イメージがわいたら、それを自分のプロジェクトとつなげてみよう。

たとえば、切手の縁のぎざぎざをカーテンやクッションのデザインに取り入れられるかもしれない。あるいは壁に貼るタイプの飾りが思い浮かぶかもしれない。いつもどおりの思考回路だったら、こういった斬新なアイデアは浮かばなかっただろう。

もちろん、切手から連想したアイデアのすべてを使うわけではないかもしれない。もしそんなことをしたら、あなたのリビングは収拾がつかなくなってしまうだろう。もちろん、あなただったら私と違ってこんな変なことは考えないかもしれない。または同じ人間でも、気分が違えば思いつくアイデアも変わってくる。それはそれでかまわない。ここで大切なのは、**今まで通ったことのない道を通って思考し、可能性の扉を大きく広げることだ。**

このエクササイズの目的は、クリエイティブで、独創的で、いつもと違う思考をすることだ。その結果として、より自由で、クリエイティブな発想ができる脳を手に入れることができるだろう。

Rule 48

失敗に耳を傾ける

3M社が新しい強力接着剤を開発しようとしていたとき、誰かが失敗して、普通より弱い接着剤を作ってしまった。この接着剤で貼りつけても、すぐにはがれてしまう。これではまるで使い物にならない、まさに大失敗だと思うだろうか？　実はそんなことはない。この失敗作こそ、ポスト・イットの誕生のきっかけだったのだ。

クリエイティブな思考を妨げる最も大きな障害は、失敗を恐れる気持ちだ。

そもそもクリエイティブな思考には、正解もなければ間違いもない。それなのに私たちの誰もが、正解を出すことが正義であり、失敗は許されないと教えられて育ってきた。学校のテストを思い出せばすぐに納得できるだろう。テストでは間違った答えを書くと×がつき、点数を下げられる。その価値観が私たちに刻み込まれ、誰もが無意識のうちに、失敗は悪いことだから人生のあらゆる場面において避けなければならないと思い込んでいるのだ。

これはクリエイティブな思考の敵だ。失敗したらどうしよう、間違ったら恥ずかしいという心配のせいで、自由に実験して創造性を発揮することができなくなっている。

新製品の開発では、数え切れないほどの試作品を作る。ときには数万、あるいは数十万の試作品が生まれることもあるだろう。最初の試作品を市場に出していれば、こんな無駄はすべて省けたはずだ。彼らが何度も試作を重ねるのは、最初の試作品では思ったとおりのものが作れないからだ。しかし、それは失敗ではない。むしろ完成品を作るために必要なプロセスだ。発明家たちが最初の失敗であきらめていたら、この世界には車も、携帯電話も、ミシンも、芝刈り機も、コピー機も存在しなかっただろう。

失敗が何かを教えてくれていることは間違いない。だから失敗には耳を傾けるべきだ。失敗が伝えようとしているのは、「もうあきらめろ」ということではない。成功を妨げる壁を発見したのだから、その壁をよじ登るか、あるいは避けて通るかすれば、成功への道を発見できるということを、失敗は私たちに教えてくれている。

それに加えて、**すべての壁は、クリエイティブに考えるきっかけを与えてくれる存在だ。**つまり「失敗」のおかげで、プロジェクトにより多くの独創性と想像力を注ぎ込める。

Rule 49

他人の目を気にしない

長年の観察からわかったこと——それは、クリエイティブな思考力が最も高いのは、他人の目を気にしないタイプの人だということだ。

人類が進歩するには、何か新しいことをする人が必要だ。火の利用や槍の発明から、現代の新技術まで、その裏にはいつも新しいことに挑戦する人たちがいた。一方で、多数派である普通の人々は、発明家のアイデアを喜んで取り入れ、日常生活に生かす方法を考える。彼らが新しい発明を実際に取り入れることで、進歩の原動力になる。

もしあなたが生まれながらの発明家であるなら、あるいは努力して発明家になったのなら、**他人の目ばかり気にしてはいけない**。たいていの人は変化を嫌うので、彼らの話ばかり聞いていたら、新しいアイデアで盛り上がった気持ちもすぐにしぼんでしまうだろう。

メレディス・ベルビン博士のチーム論によると、クリエイティブなアイデアを出すメンバーは「プラント」と呼ばれる。プラントは組織のヒエラルキーが苦手で、独立独歩の精神が強く、ときに組織の和を乱すこともある。簡単にいえば、社会が健全に進歩するには、大多数の従順派と、少数の常識に逆らう発明家が必要だということだ。

従順な性格ではないからといって、何ものにも従えないというわけではない。むしろほぼ全員が何らかの規範に従っている。朝起きたら着替えて歯を磨き、自動車の走行車線を守っているなら、規範に従っているということだ。しかし発明家は多数派と違い、何かの一員になること、何かに属していることには、それほどの満足感も喜びも覚えない。これは新しいアイデアを生み出すうえで重要な資質だ。

クリエイティブな思考のスキルを本気で磨きたいのなら、集団に受け入れられないことを覚悟しなければならない。**周りの目を気にすることが多く、人と同じであることに安心感を覚えるタイプの人は、意識して図太くなる必要がある。**

新しいアイデアはイノベーションを生み、そしてイノベーションは変化につながる。確かに長い目で見れば、ほとんどの人は自分たちにとってプラスになる変化なら受け入れていくだろう。しかし最初のうちは必ずと言っていいほど抵抗する。そこで気持ちを挫かれてはいけないのだ。

第6章

問題解決のための11のルール

手強い問題を解決するには、クリエイティブな思考が必要だ。
しかし私はあえて本章を前の章と分けた。
なぜなら、問題解決は受け身的な行為だからだ。
やりたいからやるのではなく、
目の前に問題があるのでやらざるをえないだけだ。

クリエイティブな思考では、行き先を決めずに
自由に想像の翼を広げることができる。
しかし問題解決の場合、行き先はすでに決まっている。
問題は、どうやってそこに行くかだ。
やるべきことは、コスト削減かもしれないし、
パートナーとの関係修復かもしれないし、
働きすぎの解消かもしれないし、
スケジュールの調整かもしれない。
どれも努力だけで解決できるわけではなく、
あるいは交渉だけ、お金だけでも解決できない問題だ。
真剣に考えて、突破口を見つける必要がある。

問題解決にも、正しく考えるためのルールが必要だ。
もちろんクリエイティブな思考と重なる部分もあるが、
問題解決に特化した思考法も存在する。
この章で見ていくのもそんな思考法だ。

Rule 50

ネガティブな感情を排除する

問題解決で難しいのは、問題があるというストレスのために、頭の中がクリアにならないことだ。それが正しい思考の妨げになってしまう。

あなたは目の前の問題のせいで怒っているのかもしれないし、ストレスがたまっているのかもしれないし、不幸にうちひしがれているのかもしれない。そして、そういった感情のせいで、正しい問題解決の方法が思いつきにくくなっている。クリエイティブな脳を活性化させたいとき、ネガティブな感情は大いに邪魔になる存在だ。


心配している人に向かって最も言ってはいけない言葉は「心配するな」だ。それと同じように、怒っている人に対する「怒るな」「落ちつけ」という言葉には何の効果もない。この問題に魔法の杖は存在しないが、いくつかヒントを教えることならできる。

第一に、**環境を整える**こと。走る、静かな部屋で瞑想する、アップテンポの音楽を聴くなど、自分に合った気分転換を実施して、思考に適した環境を整えよう。どれもできる状況でなければ、最低でもスマホの通知をオフにする、部屋のドアを閉める、あるいは車の中でひとりになるのはどうだろう。つまり自分ひとりになれる空間を確保するのだ。

すぐに頭をクリアにする方法はいくつかある。音楽を聴いたり、クロスワードや数独を解くのもいいだろう。瞑想という方法もある。とにかく何か気晴らしになることをして、思考の邪魔になる感情を排除する。

次に、**時間を稼ぐ余裕が少しでもあるなら、何としてでも稼ぐ**こと。時間に追われるというのは大きなプレッシャーであり、不安やストレスを増大させる。ある種の問題や感情は、ある程度まで時間が解決してくれることもある。先延ばしを推奨するわけではないが、待つことで事態が悪化するわけではないのなら、待つのもひとつの方法だ。

今は感情的になりすぎてまともに考えられないのなら、解決策を考える必要はない。しかし最低でも当座をしのげる方法は考えよう。最適な解決策を探す努力はやめないが、とりあえずの策があれば、プレッシャーをかなり減らすことができる。

そして最後に、**解決策はあると信じる**こと。いつかは助けがやって来ると思っているほうが、はるかに心が落ちついて幸せになれる。そして解決策は、あると信じている人のところに現れるのだ。

Rule 51

本当に問題があるのか確認する

数年前、ある友人がかなり大きなお金の問題を抱えたことがあった。不景気の最中で、彼は実際の住宅価格の二倍にもなる巨額の住宅ローンを背負っていた。加えてクレジットカードの借金があり、経営するビジネスは破綻寸前。水道光熱費も払えない状態だ。

彼に会うたびに最新の苦労話を聞かされた。資産を差し押さえられた、銀行から督促状が送られてきた、借金取りに自宅まで押しかけられた……。彼はもうどうしたらいいのかわからなかった。小口の借金はどうにか返すことができ、残るは銀行への借金と、住宅ローンと、滞納している水道光熱費だけ。破産が認められれば、すべての借金から解放されて新しい一歩を踏み出すことができる。

しかし、彼は破産を拒絶した。破産は恥であると思い込み、破産以外の解決策を見つけようとやっきになっていた。そんな状態が何カ月も続き、彼の精神状態はますます悪くなっていった。そうこうしている間も、利息のおかげで借金は増える一方だ。

彼は最終的にどうなったのだろうか。だいたいおわかりだろうが、結局は破産することになった。そもそも破産以外の解決策はなかった。彼は避けられない事態を先延ばしにしていただけだ。本人も心の奥底ではわかっていたはずだ。それでも現実から目を背け、解決できる問題だと思い込もうとしていたのだ。

興味深いことに、破産を決めて手続きを始めると、彼はとたんに明るくなった。最悪の事態が現実になったことで、最悪の事態を避けるという重荷から解放されたのだろう。勝ち目のない戦いのほうが、破産そのものよりもよっぽど心身ともに消耗する。彼は借金苦で人生のうちのほぼ一年も棒に振り、そしてついに破産を申し立てると、勝てない戦いを続けるよりはもっと早くこうしていればよかったと悟ったのだ。

ルール50で私は「解決策は、あると信じている人のところに現れる」と言った。とはいえ、問題なら解決できるが、避けられない結末は解決しようがない。もちろん、私の友人の場合は解決策があったともいえるだろう。その解決策とは、破産することだ。そして彼の場合、破産は必然であり、クリエイティブな思考をどんなに使っても避けられない。

考えられる結果がひとつしかないのなら、問題解決の思考スキルを使う状況ではないと認識しなければならない。**これはむしろ、立ち直る力、正直さ、自分を知ること、そしてほぼ間違いなくガッツが必要な状況だ。**現実から目を背けてはいけない。

Rule 52

正しい問題を解決する

優れた問題解決の出発点は、頭の中を整理して問題をはっきりさせることだ。解決策が思い浮かばないぐらいならまだいいほうで、最悪なのは、問題の解決策を見つけようとしているうちに、出発点よりもさらに困ったことになってしまうことだ。

ここで大切なのは、問題の正体と、問題を解決する理由を正確に見きわめることだ。たとえば、今から休暇の旅行に出かけるところだとしよう。荷物をすべて車に積み、玄関のカギをかけ、あとは出発するだけ。しかし困ったことに、車のエンジンがかからない。あなたならこの問題をどう解決するだろう？

そもそも、ここでの問題は何か？　私が見るに、大きく二つの問題に分けられる。ひとつはエンジンがかからないこと。もうひとつは、自分が本来いるべき場所にいないこと。

最初の問題の解決をはかるなら、まず道具を持ってきてボンネットを開けるか、修理工場に電話するだろう。それですぐに解決するかもしれないし、必要な部品が届くのは早くても翌日になると言われるかもしれない。そこであなたはあちこちに連絡してすぐ直してくれそうな人を探し、また予約していたホテルにも電話して到着が遅れることを伝える。

次にもうひとつの問題について考えてみよう。車の故障さえなければ、あなたはすでに旅行先にいるはずだった。しかし今まだ家にいる。この問題を解決するには、車がすぐに直らないとわかった時点で、目的まで行く他の方法を考える必要がある。交通手段はどうするか。ハイヤー？　レンタカー？　現地で車は必要なのか？　そうでないなら電車かバスでもいい？　これはひとつめの問題とは全然違う話だ。ここできちんと問題を切り分けないと、今何をしているのかもわからなくなってしまう。

多くの問題はこのように混乱し、複雑にからみあっている。この状況で有効な解決策を見つけるには、もつれた糸をほどいて、自分が本当に解決しなければならない問題、あるいは最低でも最初に手をつけるべき問題を明らかにするしかない。

私たちが冷静さを失いやすい最大の要因は、問題の一部に緊急事態が混ざっていることだ。人間は本能的に、緊急事態にまっ先に対処しなければならないと考える。この場合の緊急事態は車の故障だ。しかし旅行の間は車がなくても大丈夫なら、修理に数日かかっても特に問題はないはずだ。思考の混乱を整理して、まずやるべきことを考えよう。

Rule 53

新しいアイデアや変化を歓迎する

ブレインストーミング（ブレスト）のコツは、あらゆるアイデアを歓迎することだ。しかし、以前に職場でブレストを行ったとき、どんなアイデアにも「うまくいくわけがない」「それはもうやったじゃないか」とネガティブな反応をくり返す同僚がいた。だからといって、自分でいいアイデアを出すわけでもない。彼は自分が経験したことのある解決策以外の発想がまったくできなかったのだ。

本気で一流の思考を身につけたいなら、彼の真似をしてはいけない。**こだわりや固定観念を捨て、新しいアイデアや変化を歓迎しよう。**もちろん、ブレストで出されたすべてのアイデアが有効というわけではないが、だからといって最初から拒絶するのは間違っている。可能性に対してオープンでいなければならない。

ここでひとつ断言しよう。もし過去にやったことがあることしか行わないのであれば、あなたはどこへも行けない。過去にとらわれたまま停滞するだけだ。すべてが順調なときであれば過去のくり返しだけで十分かもしれないが、それでもさらに向上するチャンスを逃している。そして事態が悪化したときは、硬直した思考のせいで問題から抜け出すことができない。

世界は変化している。**昨日の解決策は、今日のベストの選択肢にはならない。**五〇年前であれば、誰かに急いでメッセージを届けたいときは電報を打つしかなかった。もちろんこの方法は現代では通用しない。誰かが起こしてくれたイノベーションのおかげで、テキストメッセージを送るという方法が生まれたからだ。

もちろんこれは極端な例だ。電報からテキストメッセージへと一瞬で変化したわけではない。新しい技術を受け入れる速度は人によって違う。最後まで変化に抵抗した人もいたはずだ。彼らはだんだん時代に取り残されて、いよいよ変化するしかなくなるのだ。

あなたも私も、最後まで変化できない人の仲間入りはしたくない。だからこれからは、「それがいつものやり方だ」という言葉を使うのは禁止にしよう。声に出すのはもちろん、頭の中で考えるのも禁止だ。自分の思考を不必要に制限することなく、あらゆる選択肢の中から選ぶようにしたい。

効果的な問題解決を阻むような硬直した思考は、断固拒否しなければならないのだ。

Rule 54

最初に思いついた答えで満足しない

ほとんどの問題には解決策がひとつ以上ある。コートを着ているときに暑くなったら、たとえば「コートの袖を切って涼しくなる」という解決策が考えられる。しかし、これがベストの解決策というわけではない。もう少し考えれば、「コートを脱ぐ」という解決策があることに気づくだろう。

お金の問題、仕事の問題、育児の問題、あるいは一人暮らしができなくなった母親をどうするかという問題も、解決策はひとつではない。そして最初に思いついた解決策が、かならずしもベストの解決策であるとはかぎらない。

本当にいい解決策は簡単には見つからない。時間がかかることは覚悟しておこう。すぐに見つかると思っていると、最初のアイデアが最高のアイデアだと勘違いしてしまう。

もちろん、小さな問題であれば最初の解決策でもかまわないだろう。しかし、そもそもあなたがこの本を読んでいるのは、最高の思考法を身につけたいからだ。そして最高の思考法とは、最高の解決策を生み出す思考法だ。早く答えを見つけることが目的ではない。

それでは、どうすれば「これが最高の解決策だ」と判断することができるのだろうか。

たとえば、年をとった母親をどうするかという問題について考えるとしよう。あなたにとって絶対に外せない基準は、母親自身の幸せだ。この基準を満たさない解決策はすべて排除される。解決策を考えるときは、このようにまず、「絶対に満たさねばならない基準」をリストにしてみる。それに加えて、「できれば満たしたい基準」もリストにしよう。

そして解決策が浮かぶたびに、「この案はいい出発点だ。ここからどこへ行けるだろう？」と考える。言い換えると、**すべてのアイデアは出発点であり、終着点ではない**ということだ。考えが浮かんだら、さらにいい考えにつなげることを習慣にしよう。

もっといい解決策はつねにあるはずだと考える。解決策はひとつしかないと思い込んではいけない。他のアイデアもあるかもしれない。何かが突破口になって、発想を大きく変えることができるかもしれない。改善の余地があるのなら、まだ最高の解決策は見つかっていないということだ。

Rule 55

解決策はあらゆる場所にある

アイデアの出所を制限してはいけない。もちろんあなた自身もたくさんアイデアを出すだろう。それに加えて、専門家の助言も求めるかもしれない。信頼できる同僚、家族、友人に相談することもある。

しかし、親友、上司、パートナー、職場の仲間もまた、彼らなりの固定観念の中で考えている。思い込みや固定観念から逃れるのはとても難しいことで、あなたも例外ではない。もちろん思考パターンがひとつしかないよりはましだろうが、あなたが目指しているのは固定観念を脱した自由な発想だ。想像力を自由に働かせる必要がある。固定観念から自由な発想が生まれることはない。

パートナーに相談するなと言っているわけではない。しかし、**いつもの人とはまったく違う人にもアドバイスを求めるべきだ。**違う場所へ行けば、おそらく予想外の答えが返ってくるだろう。それをきっかけにいつもの思考パターンを脱し、自由な発想へとつなげることができる。

私たちはたいてい、予想外のアドバイスを無視してしまう。普段の自分ならまずやらないようなことだからだ。しかし、だからこそ価値がある。そもそもあなたもそれを期待していたのではないだろうか？　誰かに相談するのは、自分の思考パターンではいい案が浮かばなかったからだ。

誰かから思いもよらないような提案をされたら、喜んで受け入れよう。そこで「何をバカなことを言っているんだ」などと考えてはいけない。「もしかしたらいい方法かもしれない。相談してよかった」と、前向きに受け取ることが大切だ。


エリアス・ハウはミシンを発明した。設計に何年も苦労するなかで、最も大きな問題を解決するきっかけになったのは夢だったという。彼は「これだ！」と思い、チャンスを逃さなかった。

ここで大切なのは、解決策はあらゆる場所にあるという考えを受け入れることだ。インターネットで見つかるかもしれないし、パブで耳にした会話から見つかるかもしれないし、小さな子どもが教えてくれるかもしれないし、夢の中に現れるかもしれない。

有効な解決策は思わぬところで見つかるものなのだ。

Rule 56

とにかく始める

私は本を執筆するとき、いつも「はじめに」を最後に書くようにしている。本をすべて書いた後なので、「はじめに」で紹介する本の内容がよくわかっているからだ。そして本文のほうも最初から順番には書かない。ルール1から書き始めるのではなく、書きたい気分のルールを選んで書くことにしている。

本の執筆でも、イベントの企画でも、家探しでも、新製品のデザインでも、最大の難関は、とにかく始めることだ。始めるきっかけがつかめないと、行き詰まりや先延ばしにつながる。始め方がわからないので、いつまでたっても始められない。そして今度は、二つ目の問題が発生する。時間がなくなるという問題だ。始めることもできないまま締め切りが迫ってくる。ストレスが増えてますます頭が働かなくなるという悪循環だ。

作家でも、他の職業でも、先延ばしの罠にはまったときは発想を変えることが大切だ。**本を書くのであれば、冒頭から書き始める必要はない。書きたいところから書けばいい。**

同じことはすべての作業にあてはまる。今すぐにできるところを見つけ、とにかくそこから始めよう。プロジェクトに対して自信がなく、知識がないことを自覚していると、問題はさらに悪化するばかりだ。そこで、とにかく自分が知っていること、自信が持てることと、自分の意見がはっきり決まっていることから始める。

たとえばイベントの企画というプロジェクトが始められないのは、これまで大きなイベントを企画した経験がないからかもしれない。しかし、イベントのあるべき姿はわかっているはずだ。まずはそこから始めよう。後のことは作業を続ける過程でだんだんと見えてくる。

大きなプレゼンの準備が始められない？　だったらまず最後の結論の部分を考えてもいいし、画像や映像を使うのが得意な人なら、視覚資料を集めることから始めてもいい。

とにかく始めることが大切だ。必要なら、後から修正したり、削除したり、編集したりできる。**最初から完璧でなくてもかまわない。**たとえ結局は削除することになったとしても、「プロジェクトに着手する」という大切な目的は果たせたのだから。

Rule 57

問題から離れてみる

どんなに発想を柔軟にしても、どんなに偏見や思い込みから自由になっても、解決策がどうしても見つからないことがある。自分では集中力を極限まで研ぎ澄ませているつもりだが、それでもうまくいかない。そんな事態に陥ったら、私からのアドバイスは「集中するな」だ。**両手をあげて降参し、問題から離れてみよう。**

私はときどきであればクロスワードパズルをするのが好きだ。ヒントを読んで、一分か二分ほど考え、そしてすぐにあきらめて他のことを始めてしまう。ときには、夜になってからまた挑戦することもある。すると、どんなに考えてもわからなかった言葉が、今度はヒントを読むとすぐに思い浮かんでくることがある。

あなたの問題は、クロスワードパズルよりもずっと大きいかもしれない。しかし脳の働きはどちらでも同じだ。他のことをしている間も、脳は無意識下で問題のことを考えている。脳にチャンスを与えてみよう。何かの問題で行きづまったら、その問題について意識的に考えるのをやめてみるのだ。

問題から離れるのは難しい。問題を忘れて他のことに集中しようとしても、どうしても問題のことを考えてしまう。バスルームの壁の色をどうしようかという問題なら、忘れるのはそれほど難しいことではない。しかし人間関係の大きな問題となると、考えずにいるのは至難の業だ。それに、バスルームの壁は放っておいてもどこへも行かないが、締め切りが目の前に迫っているという問題を無視するのは難しい。

ときには問題と自分を物理的に切り離すという方法が有効だ。**問題と関係ある場所を離れ、まったく違う場所へ行ってみる。**週末にどこかに出かけたり、あるいは思い切って休暇をとってもいいかもしれない。同僚、家族、友人などから離れてみる。彼らの支えが大きな助けになることもあるが、頭をクリアにする助けにはならないかもしれない。

そしてまた戻ってきたときに、問題が魔法のように解決すると約束することはできない。しかし、新しい視点で問題を眺められるようになっていることは間違いないだろう。以前では考えられなかったような解決策を思いつくかもしれないし、あるいは最低でも、どの道を行ったら行き止まりで、どの道に可能性があるかということはわかるはずだ。

Rule 58

新しい角度から眺める

残念ながら、問題がまだ解決されていないとする。確かにそういうこともあるだろう。そんなときはどうすればいいか？　どんなことに挑戦してもかまわないが、ルールがひとつだけある。それは、今までやったことがないものに挑戦すること。原則的に、以前にやった方法はうまくいかない方法だ。もしうまくいくなら、すでに問題が解決していなければおかしい。**昔のやり方にこだわってはいけない。**違う方法に挑戦し、どこか新しい場所に到達するチャンスを最大化しなければならない。

問題を解決するには、脳のクリエイティブな部分を活性化する必要がある。それなら、何かクリエイティブなことをするのがいいかもしれない。

たとえば問題の絵を描いてみる。とにかく描いてみれば、問題の違う姿が見えるはずだ。ただし、いつも問題の絵を描いていると、それ自体が習慣となって新鮮な思考の邪魔になることもある。もしそうなったら、今度は問題を歌にしてみよう。

ある友人は、公園を歩きながら問題の解決策を考えるのが好きだ。何やら大声で独り言を口にし、大げさな身振りをしながら公園を歩く彼の姿が、わが家の窓から見えることがある。問題を声に出して言うことに一定の効果があることは間違いない。声に出すことの効果はいろいろあるが、思考の速度が話す速度まで遅くなることが大きいだろう。

自分を相手に議論するという方法もある。あえて自分に反論し、いつもと違う答えを引き出すのだ。その答えを必ず実行しなければならないというわけではない。ここでの狙いは、いつもの思考パターンを離れて問題を別の角度から眺めることだ。

ある種の問題ではマインドマップも有効だ。どこから始めたらいいのかわからない、どうやって始めたらいいのかわからないというときに特に役に立つ。マインドマップのいいところは、始まりも終わりもなく、思いついたままに描いていける点だ。それに問題を視覚化するという効果もある。


言うまでもなく、**ここで大切なのは、新しい方法を試して自分を驚かせ続けることだ。**問題の性質、自分の気分、前回試したことなどに合わせてさまざまなテクニックを使い分けよう。最終的にはコイン投げで決めてもかまわないのだ。

Rule 59

パニックを起こさない

パニックを起こすことには二つの問題がある。ひとつは、本人の気分がよくないこと。そしてもうひとつは、思考プロセスの邪魔になることだ。パニックはその性質上、あなたの脳内を占領して、他のすべてのことを追い出してしまう。

とはいえ、いつも冷静でいるのは簡単ではない。ときには、パニックを起こすことがたまらなく魅力的な選択肢に思えることがある。「もうどうにでもなれ！　どうせ元から最低の人生だ！」という心境だ。

しかしそれも永遠には続かない。あなたは非生産的な態度で貴重な時間を失い、いずれ惨めな状態になる。そこで大切なのは、パニックを起こさない方法を知っておくことだ。

パニックを起こしてから冷静さを取り戻すよりも、最初からパニックを起こさないほうがずっと簡単だ。パニックの兆候をなるべく早く察知して、対抗策を講じよう。

まず「私はパニックを起こしたくない」と宣言し、次に自分を落ちつかせる儀式を行う。

感情に乗っ取られてはいけない。「こんなことをしても無駄だ」「私はダメだ」といったネガティブな思考をすべて拒否する。パニックを引き起こすのは感情だ。だからここは理性を保ち、感情に出番を与えてはいけない。

心を落ち着かせ、冷静に考えよう。そもそも本当の問題は何なのか？　本当はお金がないことよりも、お金がないことによって生じる事態（家賃の滞納、車の修理ができない、子どもの学校の制服が買えないなど）のほうが本当の問題なのかもしれない。

本当の問題がわかったら、今度は問題をひとつずつ見ていこう。今すぐにできること、誰かに助けてもらえることを見つけるだけで、どんなに複雑な問題でも解決の糸口が見えてくる。いずれにせよ、問題は切り分けて考えたほうがずっと扱いやすくなる。**自分の進歩に目を向けよう。助けになった行動をすべて数えよう。**部分的な解決策やプランBでも、思いついたらすべて記録する。

加えて、問題は自然に解決することもある。金銭問題や離婚問題でもう立ち直れないと悲嘆に暮れていても、何年か経てばすっかり過去の話になり、問題は消え、本人はきちんと立ち直って健在だ。

今すぐに解決策が見つからなくても、問題はいずれ必ず解決する。当面はつらいかもしれないが、未来に希望を持とう。

Rule 60

助けを求める

たいていの人は、どうしても助けを求めたくないときがあるようだ。

特に思い入れのない分野であれば、助けを求めるのは簡単だ。私の場合は、機械に強いという自負は特にないので、車が壊れたら何のためらいもなく修理を頼む。しかし、文章を書くことに関してはそれなりの自負があるので、苦労しているところを他人に見せたくない。このように、**問題はすべて「自分はこうだ」という思い込みから生まれている。**

自力での問題解決は難しいと感じたら、アドバイスを求めるのが合理的な選択肢だ。負けを認めるようで悔しいかもしれないが、その感情は克服しなければならない。政府や多国籍企業でさえ、誰かの助けを必要としている。

ひとつの頭よりは二つの頭で考えたほうがいいと自覚できるのは、それ自体がひとつのスキルだ。誰に意見を求めても、最終的に決めるのはあなただ。それにただアドバイスを求めるだけであり、なにも泣いてすがりつくわけではない。その問題に詳しい人の意見を聞き、自分のアイデアの在庫を増やすだけだ。あなた自身がエンジニアでも、機械のことでわからない問題があれば、他のエンジニアにアドバイスを求めるだろう。仕事ならできるのであれば、他の問題でもできるはずだ。

料理、子育て、ソフトウェアのインストール、スタッフの採用、ギフトラッピング、怒った顧客を落ち着かせるなど、あらゆるスキルは、次の三つのカテゴリーのどれかに分類できる。得意だという自負がないために何のためらいもなく助けを求められるスキル、自分こそがエキスパートなので助けが必要になることは絶対にないスキル、そして、それ以外のすべてのスキルだ。

助けを求めるのが恥ずかしい、悔しいと感じる分野については、自分のスキルレベルを正直に認めなければならない。そして、**助けを求めるのは、弱さではなく強さの証だと自分に言い聞かせる。**解決したい問題があり、自分だけでは解決できないなら、乗り越えなければならない感情だ。

第7章

一緒に考えるための10のルール

ひとりで考えるときの思考を向上させるのは簡単ではない。
もちろん可能ではあるが、それなりの努力が必要だ。
そして他人と協力して考えるのは、さらなる挑戦になる。
ひとりの思考では自分の脳を管理するだけでよかったが、
今度は他の人の脳も管理しなければならないからだ。

他人と一緒に思考するのは、
うまくいかないとイライラするし、非生産的だ。
しかし、うまくいったときの喜びは格別だ。
二人のときも、職場のチームでも、友達や地域の集まりでも、
複数の頭で考えると、
個々の総和では不可能だった発想が生まれることがある。
思考の相乗効果が起こると、
誰が出したアイデアかはもうどうでもよくなる。
全員の脳が融合し、あたかもひとつの脳で
考えているような感覚になるからだ。
この章でもその状態を目指そう。
思考の相乗効果を起こし、
誰もが驚くようなすばらしいアイデアを生み出すのだ。

それでは、具体的な方法を見ていこう。

Rule 61

一緒のほうがうまくいく

私の義父はかなりのアイデアマンだ。家のことでも仕事のことでも、何かで新しい発想が必要なときは義父の脳を借りることが多い。二人で会話を始めると、二人の口からアイデアが次々と飛び出してくる。彼は会話をしながらアイデアを生み出すのが得意なのだ。これは、彼独自のアイデアがないと言っているのではない。むしろその正反対で、ひとりでも次々とアイデアを生み出してくる。ただある時点で、自分のアイデアについて人と話し、実際に使えるレベルまで磨き上げたいと思っているのだ。義父にはこの目的のために話す相手が何人かいて、アイデアの内容によって最適の人物を選んでいる。

私の経験からいうと、自分ひとりの力だけで、アイデアの芽を使えるレベルまで育てることができる人はほとんどいない。ほとんどの人は、他の人と一緒に思考したほうが、いいアイデアを生むことができる。**互いの意見を聞いて、新しい視点に気づかされることも**

あるだろう。相手を正しく選べば、思いもよらなかった新しい発想に到達できる。

このシリーズの記念すべき第一作である『できる人の仕事のしかた』を書こうと思ったとき、私にあったのはぼんやりしたアイデアだけだった。そこで私は、自分の頭の中だけでアイデアを発展させるのではなく、すぐに担当の編集者と話すことにした。その過程であの本のコンセプトが固まり、シリーズ化のアイデアも思いついたのだ。

理想をいえば、あなたはアイデアが欲しいときに相談する人をすでに見つけているべきだ。もちろん相手は複数いてもかまわない。アイデアや問題の種類ごとに、相談する人を決めておいたほうがいいだろう。また、今のリストだけにこだわらず、新しく人を加えることも考える。プロジェクトが違えば、力になってくれる人も違うはずだ。

長年の経験から学んだことがもうひとつある。それは、たいていの人は意見を求められるのが好きだということだ。私自身、知恵を貸してほしいとお願いして断られたことは一度もない。彼らは頼りにされたことを喜び、私との会話を楽しんでくれる。だからあなたも、まずはお願いしてみよう。

Rule 62

それぞれの長所を生かす

「脱出ゲーム」をご存じだろうか？　何人かと一緒にカギのかかった部屋に入り、制限時間内にパズルを解いて部屋の外に脱出するというゲームだ。私は何年か前に、家族でこのゲームをしたことがある。私たちはかなり苦戦し、主催者からヒントを出してもらって、制限時間ギリギリのところでやっと脱出できた。なぜ私たちはあそこまで苦戦してしまったのか？　その答えは、正しいチームの思考ができなかったからだ。

言い訳をさせてもらえれば、私たちはゲームの仕組みがまったくわかっていなかった。あのとき本来私たちがやるべきだったことを説明しよう。

まずメンバー間で事前の確認が必要だ。論理的、数学的なパズルが出たらすべて娘にわたす。この分野が最も得意なのは娘だからだ。どの分野かわからないパズルは、いろいろな分野を組み合わせた自由な発想が得意な長男に担当してもらう。彼が考えている間、他の人は話しかけてはいけない。ただし長男のほうから助けを求めた場合は別だ。

イライラするようなパズルは下の息子が担当だ。彼は穏やかな性格で、そういう問題も根気よく取り組むことができる。加えて、他のきょうだいの発想を助けるのも得意だ。

しっかり者の妻にはプロジェクトマネジャーになってもらう（それにこの役をまかせておけば妻はご機嫌だ）。私自身の役割はよくわからない。もしかしたら、みんなの邪魔をしないのがいちばんなのかもしれない。あるいは応援役だろうか。

脱出ゲームはつまるところ思考のゲームだ。そして、得意な思考のタイプは人によって違い、またその人の中で「得意」と「苦手」がある。他の人と一緒に考えるときは、得意分野の思考に集中したほうが、全体としてはいい結果になる。

正直に告白すると、あの脱出ゲームでの私たちの問題は、それぞれの長所を生かさなかっただけでなく、誰にどんな長所があるかすらよくわかっていなかったことだ。メンバーの中で自分がいちばんうまくできるとわかっているのに、他の人からその仕事を任されないのは、大いに不満がたまるだろう。

つまりこのルールで大切なのは、自分の長所を生かすことだけではない。**他人の長所を知り、それを最大限に活用すると**いうことだ。当たり前のことだと思うかもしれないが、現場で実際にそれができる人はほとんどいない。

Rule 63

ハチの巣のように考える

このルールは前のルールからの続きだ。私はすばらしく頭のいい人をたくさん知っている。頭の回転が光のように速い人もいれば、直感的に問題を解いてしまう人、水道の蛇口をひねるようにいくらでもアイデアを出せる人、高度に複雑な理論も難なく理解してしまう人、大きな数字の暗算ができる人、発想の飛躍がすごい人、倫理的に正しい決断ができる人もいる。

私はまた、頭の回転がゆっくりしている人、きわめて分析的な思考をする人、人間的な側面よりも事実とデータをつねに優先する人とも一緒に仕事をしてきた。個人的には、こういった資質にはイライラさせられることもある。とはいえ、この種の思考が必要となる場面があることもよくわかっている。そのような状況では、私が言うことよりも、彼らの意見に耳を傾けたほうがずっといい。

一緒に働く（思考する）グループはハチの巣のようなものだ。それぞれが全体を構成す

るひとつの部品として働いている。そしてひとつの巣の中に、必要とするすべての思考スキルがそろっていることが望ましい。

一人で考えるときも、自分が持っているさまざまな思考スキルを活用するだろう。たとえば料理をするときと、帳簿をつけるときでは、使う脳の部分が異なるはずだ。新聞を読むときに発火する脳細胞と、子どもがかんしゃくを起こすのを聞いているときに発火する脳細胞は違う。あなた一人の思考でも、あらゆる機能や神経中枢を使っている。ただ同時にすべてが必要になるわけではないというだけだ。

同じことは、いつも細部にばかりこだわる同僚や、道具にできることよりも道具の仕組みにばかり興味を持つ友人にもあてはまる。グループで大きなプロジェクトに取り組むことになったときは、アイデアを出す、ロジスティクスを手配する、数字を調べる、細部に目を配る、全体を統括するなど、ハチの巣の中にいるそれぞれが自分の得意なことに集中する必要がある。

だから、**自分と違う思考をする人たちを受け入れなければならない。**我慢するのではなく、むしろ感謝するのが正しい態度だ。彼らがいなかったら、ハチの巣はきちんと機能することができなくなるだろう。すべての思考スタイルは、それに適した場面がある。そして、いつ、どの思考が必要になるかを決めるのが、グループ全体の役割だ。

Rule 64

エゴを手放す

ひとつの答えを探しているときに、一〇〇のアイデアが出るのはすばらしいことだ。しかし最終的に必要なのはひとつであり、残りの九九は使われることなく消えていく。九九のうちのひとつが自分のアイデアだったら、きっとがっかりするだろう。あるいは、提案されたアイデアが二つだけで、そのうちあなたのアイデアのほうが採用されなかったら、失望はさらに大きくなる。

がっかりするのは自然な感情だが、いつまでもこだわってはいけない。ルール63でも見たように、あなたはハチの巣を構成するひとつの部品だ。全体の使命は、つねにあなた個人の感情に優先する。確かにあなたのアイデアはまともに考慮されなかったのかもしれないが、それが事実でも、グループの決断のほうが大切だ。

恨みの感情を持つと、グループに貢献する気持ちが薄れてしまう。才能をきちんと発揮しない、計画に従わない、他のメンバーの失敗を密かに願うといった行為につながるかもしれない。こうなると、チームはあなたがいないほうがうまく機能する。チームの貴重な戦力だったはずが、今ではただのお荷物だ。**あなたが非協力的な態度でいると、チーム全体の損失になり、そしてあなたにとっても損失になる。**

他の人と一緒に考えるときは、すべての人が同じ方を向き、目的地に到達する方法についても合意していることが大切だ。そこから生まれる相乗効果で、グループ全体の思考力が飛躍的に向上する。この共同作業に参加できないのであれば、チームにいる意味などないだろう。それはつまり、あなただけでなく、チームの全員がエゴを手放さなければならないということだ。採用されなかったのはあなたのアイデアだけではない。同じ思いをした人は他にもたくさんいる。そう考えれば、少しは気分もよくなるだろう。

アイデアが採用されなかったからといって、思考が無駄になったわけではない。思考で脳が鍛えられ、他のアイデアを生むきっかけになるかもしれない。それに加えて、グループ全体で「うまくいかない方法」を共有できたという利点もある。つまり、採用されないアイデアもグループの役に立つということだ。だから、むくれてはいけない。むしろチーム内で役割を果たせたことを喜ぼう。

Rule 65

静かな人に注目する

チームに参加しているなら、すべての人がチームの成功のために全力を出すべきだ。そうでないなら、チームにいる意味などないだろう。

メンバー全員が同じ使命感を持ち、それぞれが自分の専門分野で貢献するタイプのチームもあれば、たまたま集まっただけのチームもある。たとえば地域イベントの実行委員会のようなチームは、個々のスキルよりも、時間があるかどうかという基準で選ばれることが多い。それと同じように、思考スキル（アイデアを生む、問題解決、分析、数字など）が求められているメンバーもいれば、実務的なスキルが求められているメンバーもいる。

また、すべての人が堂々と自分の意見を言えるわけではない。思考の相乗効果を最大限に発揮したいのであれば、すべてのメンバーの思考スキルが必要だ。**自分から発言する人だけでなく、いつも黙っている人の意見も引き出さなければならない。**

大人しいメンバーの存在はつねに意識しておく必要がある。彼らが黙っているのは、今の段階で貢献できることが特にないからかもしれない。しかし、チームが求めているアイデアを持っているが、ただ発言をためらっているだけだということも十分に考えられる。彼らがそのまま黙っていたら、チーム全体の損失だ。**黙っている人は意見がないだけだという思い込みは捨てなければならない。**

チーム内に声の大きい人が二人かそれ以上いる場合は特に注意が必要だ。いつも彼らだけがわいわい言っていると、たとえそれが友好的なやりとりであっても、大人しいメンバーや、新人や格下のメンバーにとっては何も言えないような雰囲気になる。ときには、経験のない人が新鮮な視点を提供してくれることもある。

だからあなたは、意識して大人しいメンバーを助けるようにしよう。彼らに意見を尋ね、それがいい意見なら積極的に支持を表明する。

私もかつて、ほぼまったく発言しない人と一緒に働いたことがある。そこでチーム全体で彼の発言を促すようにすると（誰かが最初に行い、他のメンバーも後に続いたのだ）、チームに欠かせない貴重な意見や洞察を提供してくれるようになった。私たちがあのまま彼を黙らせていたら、この恩恵は受けられなかった。なんという損失だろう。

Rule 66

集団思考を疑う

以前、とても結束の強いチームで働いたことがある。あれは楽しい体験だった。メンバー全員が明るく前向きで、仕事に情熱を持っている。私たちはみな親しい友人になった。頭をひとつにして考えるのは、とてもスリリングな体験だった。とはいえ、あんなにすばらしく見えたアイデアの数々も、期待したほどの成功にはつながらなかった。

それからしばらくして、チームに新しいメンバーが入ってきた。彼は普段はとても快活な性格なのだが、アイデアを出し合うときはとたんにネガティブになる。私たちが何かのアイデアで興奮していると、彼が水を差すような発言をするのだ。私たちはいつものペースを崩され、少し不満に感じていた。

しかし時間がたつにつれ、私たちはあることに気がついた。期待どおりの成功につながるアイデアが以前よりも増えていたのだ。もうおわかりだと思うが、新メンバーのネガティブな意見のおかげで、私たちは以前より慎重にアイデアを吟味するようになったのだ。

同じ考えの人と集まるのは楽しいものだ。互いに背中を叩き合って祝福できる。ミーティングも盛り上がる。しかし、**私たちは楽しむために集まっているわけではない**。チームの目的は結果を出すことだ。もしメンバー全員が同じ意見なら、メンバーは一人いれば十分ではないか。同じことを言い合って喜んでいてもしかたがない。

チームとして効果的に思考したいのであれば、集団思考を避けなければならない。集団思考とは、集団の意思決定が愚かな決断につながることをいう。私がいたチームが集団思考に陥ったのは、似たような考えをするメンバーばかりが集まっていたからだ。

集団思考を避けるうえで最も大切なのは、警戒を怠らないことだ。たいていの集団思考は、本人たちが気づいてないところで行われている。全員が同意しているので、自分たちは正しいと思い込んでしまうのだ。

次のステップは、集団思考の問題を解決することだ。最も効果のある方法は、グループに新鮮な空気を入れることだろう。たとえば、自分の頭で考えることができて、集団思考の罠にはまる可能性の低い人物を新しいメンバーとして加える。あるいはメンバーを小さな二つのグループに分けて、新しい話し合いのパターンを作るのもいいだろう。チームで合意した意見や結論にあえて反論する係をつくり、順番に担当するという方法もある。

Rule 67

意見の対立は悪いことではない

それでは、いつも意見が違って対立しているようなチームが「いいチーム」ということになるのだろうか？　もちろん、そういうチームにもリスクはある。意見が合わない人ばかり集まっていたら、すべての話し合いが険悪な雰囲気になってしまうだろう。互いにいがみ合って罵倒し合うだけで、まとまるものもまとまらない。つまり、**全員が同じ考えなのはよくないが、全員が違う考えなのもよくない**ということだ。

ここで大切なのは、反対意見があるときは発言すること、グループ全体で最高の思考ができるようにすることが自分の義務であることをメンバー全員が自覚していることだ。

あらかじめチーム内でルールを決めておいたほうがいいだろう。ここに例を用意したので参考にしてもらいたい。

- **個人攻撃をしない**

- **意見に反対するのであって、意見の持ち主に反対するのではない**
- **大声を出さない**
- **すべての人の意見を聞く**
- **勝ち負けの問題ではない**
- **感情的にならない**

最初の五項目が守られていれば、最後の項目を守るのも簡単だ。ここでのキーワードは「尊重」だ。**仲良しグループになる必要はないが、互いを尊重しなければならない。**

ルール63でも見たように、チームはハチの巣だ。成功はチームの成功であり、失敗はチームの失敗だ。採用するアイデアも、破棄するアイデアもチーム全体で決める。誰が最初に思いついたかは関係ない。もちろん、あなたが最初に思いついたのなら、密かに自分を誇りに思うぐらいはかまわない。しかしそれを表に出すのは絶対に禁止だ。

ルールを決めても建設的な反論が出ないようなチームなら、もっと大きな改革が必要だ。メンバーを変えるか、誰かにチームを去ってもらう。このまま何も手を打たずにいたら、いずれチームは崩壊してしまうだろう。

Rule 68

ブレインストームの議題はひとつにする

ブレインストーミングは基本的に、プロジェクトの開始時と、グループで解決する必要がある問題が発生したときに行われる。アイデアを生む初期段階の思考法で、できるだけたくさんのアイデアを出すことが求められる。ここでの目的は答えを出すことではなく、叩き台となる選択肢を提供すること。つまりプロジェクトの第一段階ということになる。

この手法が誕生したのは一九三〇年代で、実業家のアレックス・F・オズボーンが考案した。当時、広告代理店の幹部だったオズボーンは、スタッフから出てくるアイデアがあまりにも少ないことに不満を持ち、これを思いついた。

しかしオズボーンも、ただ人を集めて好き勝手に発言させるだけではうまくいかないことは承知していた。そこでいくつかのルールを決めることにした。人間の思考を長年にわたって観察し、その結果わかったことを元にルールを作成したのだ。

ブレインストーミングを効果的に行うためには、議題をひとつに絞ることが不可欠だ。

セッションが始まる前に具体的な議題をひとつ決めておく。たとえば、「新製品を売る方法」というぼんやりした議題ではなく、「セールスリード（将来的に販売に結びつく可能性が高い顧客情報）をどのように入手するか」「誰を対象に広告を打つか」など、より具体的な議題にする。こうすれば議題の意味に悩むことなく、アイデア出しに集中できる。

オズボーンが決めたルールで私が最も気に入っているのは、**どのアイデアも批判してはいけない**というルールだ。反論してもいけないし、ネガティブなコメントも許されない。これは本当に大切なルールだ。このルールがなかったら、誰も怖くて極端なアイデアを出せなくなってしまうだろう。批判されないとわかっていれば、頭に浮かんだことをそのまま口に出すことができる。

ブレインストーミングには、安全な環境でクリエイティブな思考を刺激する効果がある。その結果、自由な発想が促進されてたくさんのアイデアが生まれ、他人のアイデアを聞いて自分の新しいアイデアを思いついたり、自分のアイデアに磨きをかけたりできる。

誕生以来、ブレインストーミングのテクニックはさまざまな進化を遂げてきた。中にはとても参考になるものもあるので、もし興味があるなら検索して使ってみよう。とはいえ、オズボーンの原案のままでも十分に効果はある。創造性と生産性が高まり、グループの思考力を最大限に生かすことができるだろう。

Rule 69

愚かなアイデアを大切にする

ブレインストーミングが重宝されている理由のひとつは、ある人の愚かなアイデアが、次の人の天才的なアイデアにつながる可能性があるからだ。愚かなアイデアを発表せずにいたら、秘められた可能性も世に出ないまま終わってしまうかもしれない。

その点で、妻と私はとてもいいコンビだ。私のほうが突拍子もないアイデアを出すタイプなのだが、妻は頭から否定したりせず、それを叩き台にしてもっと実用的なアイデアに変える才能がある。私の提案どおりにするとお金や時間がかかりすぎるため、現実には不可能に近い。妻はそれを実現できる形に変えてくれる。

例をあげよう。わが家の庭は、端のところに小さな川が流れている。ただ、川の土手が高すぎて、子どもが気軽に川に入って遊ぶことができない。そこで私は川の流れを完全に変えることを思いついた。庭の真ん中の平坦な部分を一周するような流れにすれば、子どもたちの遊び場としてもちょうどいいだろう。

しかし妻は冷静に、それでは工事が大がかりになり、お金がかかりすぎると指摘した。さらに彼女は批判するだけでは終わらず、私のアイデアを元にすばらしい解決策を思いついた。土手の一部を低く切り取って家族が座れるベンチにすればいいのではないか、と。

ギアを変えながらアクセルを踏んで速度を上げるより、ただブレーキを踏んで速度を落とすほうが簡単なのと同様で、アイデアの場合も、極端で突拍子もないほうがいいアイデアにつながりやすくなる。

周りからバカにされそうなアイデアを堂々と発表する勇気を持つべきだ。ここで、私がそんなときにいつも使う言葉を紹介しよう。**「バカなアイデアなんだけど、念のために言っておくよ。後で誰かがすばらしいアイデアに変えてくれるかもしれないからね」**。

この言葉の効果は二つある。ひとつは、自分から「バカなアイデア」と認めていて、他人の批判を恐れる必要がないこと。もうひとつは、聞いている人たちが「自分がいいアイデアに変えられるかもしれない」と、最初からバカにせず、きちんと耳を傾けることだ。

そしてもちろん、あなたもバカなアイデアを出しやすい雰囲気をつくる努力をしなければならない。他の誰かのバカなアイデアを批判せず、真剣に耳を傾け、実用的なアイデアに変える方法を考えよう。

Rule 70

離れていてもチームスピリットを忘れない

グループで思考するといっても、勤務時間の間ずっとグループで活動しているわけではない。同じ部屋にいても、それぞれ違う仕事に取り組んでいるかもしれない。あるいは、集まるのは一週間や一カ月に一時間だけというグループもある。つまり、メンバーには離れてすごす時間もあるのだ。

そして、ある程度までなら、離れている時間があるのはいいことだ。一緒にいる時間が長すぎるとイライラも増える。それに話し合いの後いったん離れたほうが、内容を自分の中で消化できる。グループでの話し合いの後でアイデアや問題を思いついた経験は誰にもあるだろう。グループでアイデアを生み出す作業は確かに興奮するが、分析的な思考は一人で静かにすごす時間のほうが適している。

しかし、それでもチームはチームだ。会社の部署でも、プロジェクトでも、家族でも、たとえ物理的に距離が離れていても、チームであることに変わりはない。離れている間も各メンバーはメールを送り、メモを書き、調査をすませ、作業を完了させる。この時間があるからこそチームの結束はより強固になり、チームのアイデンティティが確立される。そしてメンバーが一緒にいるときは、グループの思考で最高の結果を目指す。

つまり、いつでもチームスピリットを忘れてはいけないということだ。実際に会っているときも、そうでないときも、チームとしての一体感を維持しなければならない。

そのために欠かせないのが緊密なコミュニケーションだ。チームとして同じ目標に向かっていることを確認する。ミーティングの終わりで、たいてい個々のタスクの担当者が決まるだろう。しかし、それで終わりではなく、それぞれの担当者と連絡を取りながら作業を進めることが大切だ。それがチームスピリットを維持する秘訣になる。

特に知らせなければならないことがあるというわけではない。これは気持ちの問題だ。離れているときのコミュニケーションが、チームの結束をより強固にする。「われわれはチームだ」ということを思い出させてくれる。どんな問題があっても、彼らと一緒なら解決できるという勇気がわいてくる。**必要な情報を、必要な人物だけに伝えるというコミュニケーションでは不十分だ。**チームの結束を確認するために、たまにはどうでもいい話題でも連絡しなければならない。

第8章

意思決定のための15のルール

意思決定は思考スキルが最も試される瞬間だ。
転職、引っ越し、自分のビジネスを始める、家族を持つ etc...
そうした大きな決断では思考スキルの質が大きな意味を持つ。
クリアな頭を保ち、正しい決断をすることが大切だ。

とはいえ、日々の小さな決断も軽く見てはいけない。
それらも人生の質に影響を与えることは確かであり、
大きな決断の練習にもなるからだ。

言うまでもなく、正しい決断をするのは大切なことだ。
しかしそれよりも大切なのは、
自分は正しい決断をしていると確信できることだろう。
自分の決断に自信を持っていれば、決断を後悔することはない。

あなたのことを決められる人はあなたしかいない。
とりわけ大きな決断には、
あなたにしかわからない主観的な要素が必ずある。
だから自分の頭で考えて、
自分の判断で決められる人にならなければならない。
それが、本当に正しいと確信できる決断をする秘訣だ。
本章のルールを読んで、その方法を学んでいこう。

Rule 71

何を決めたいのかを決める

以前の同僚で、会社を辞めてフリーになると心に決めている人がいた。彼女は会社での仕事がイヤで、フリーになれば問題はすべて解決し、幸せになれると信じていた。

しかし話を聞いているうちに、フリーになることの意味を深く考えていないこともわかってきた。フリーになるということは、自由を手に入れる代わりに、安定や安心を失うということでもある。そこでよく考えた結果、フリーになるのではなく、違う職種の会社に転職するのがいちばんだということになった。

ここでの問題は、フリーになるかどうかということではなく、今の仕事で何が不満なのかを明らかにして、その不満を解消できる仕事を見つけることだった。

同僚が、当初の計画どおりにフリーになったと想像してみよう。フリーで働くことの不安定さに長年にわたって苦しみ、そして最終的にこれは間違った決断だったと気づくのだ。これは問題解決でありがちな間違いであり、最悪の結果につながりかねない。

それでは、間違った決断を避けるにはどうすればいいのだろうか？　最も簡単な方法は、三歳児になったつもりで、**問題の核心に到達するまで「なんで？」と尋ね続けることだ。**志望大学を決めるときでも、新しいスタッフを雇うときでも、家を増築するときでも、「なんで？」という質問で自分の気持ちをとことんまで掘り下げていく。

たとえば、志望大学をどこにするか悩んでいるとしよう。最初に考えるのは、そもそもなぜ大学に行きたいのかということだ。好きな分野を深く学びたいのか？　希望の職に就くために学位が欲しいのか？　社会人になるまでの期間を楽しくすごしたいだけなのか？　あるいは、いくつかの理由が合わさっている？　自分にしつこく「なぜ？」と尋ね、大学に行きたい本当の理由を探り出さなければならない。それをしないうちは、行きたい大学も、学びたい分野もわからない。それどころか、そもそも本当に大学に行きたいのかということもわからないだろう。

この思考プロセス自体が大切なのはもちろん、この後のいくつかのルールを読めばわかるように、ここで正しい意思決定の対象を選んでおかないと、この後の段階でかなり苦労することになる。

Rule 72

最初の段階を飛ばさない

たいていの人は、ほとんどの意思決定を第二段階から始めている。たとえば仕事を変えたい場合は、次はどの仕事にしようかというところから考え始める。もっと大きな家に引っ越すことを検討している場合は、まずどこに引っ越すかを考える。大学進学であれば、どの大学にするかということから考える。

どれも意思決定の第一段階を飛ばしてしまっている。大切なのは、きちんと第一段階を経てから第二段階に進むことだ。ルール71であげたケースの第一段階を考えてみよう。

・そもそも本当に仕事を変えたいのか？　もしかしたら、今の仕事で気に入らないところを変えればいいだけかもしれない。昇給か異動を要求する、パートタイムか自宅勤務に切り替える、違うデスクで働くなど、方法はいろいろある。

- **そもそも本当に大学に行きたいのか？　高校を出てすぐに就職する、しばらく何もしない、弟子入りのような形で働くなど、他の選択肢も考えたのだろうか？**

意思決定の第一段階とは、何らかの修正や調整を加えて現状を維持することだ。そしてたいていの場合、たとえ何らかの修正が必要だとしても、**現状維持**（第一段階）**は最も安上がりで、シンプルで、時間がかからない選択肢だ。**この第一段階では、明晰でロジカルな思考が最も大切になる。

物事をつねに第一段階から考えている人は驚くほど少ない。しかし本書を読んでいるあなたは、この考え方を本能のレベルで身につけようではないか。

コストがかかる変化、ストレスが大きい変化を起こそうとするときは、まず**「その変化は本当に必要か？」**から考えよう。私は変化そのものに反対しているのではない。変化は楽しく、気持ちをワクワクさせてくれる。うまくいけば、よりよい世界が実現するだろう。

しかし、変化を望む気持ちの多くは、現状に対する何らかの不満か、あるいは強制的な変化（高校を卒業する、解雇される、など）から生まれているため、必要以上に大きな変化を求めてしまう傾向がある。「何もしない（少し修正は加えるが）」という選択肢も、つねに残しておくべきではないだろうか。

制約を外して考える

Rule 73

引っ越しを考えているとしよう。お金の問題はなく、場所もどこでもかまわない。なんなら海外でもいい。家を買ってリノベーションすることもできる。都会のマンション暮らしも悪くない。あるいは、自分で一から家を建ててもいいかもしれない。

選択肢が多いのはいいことだが、ありすぎると決められないものだ。意思決定をする際には、ある程度の制約があったほうが話がはるかに簡単になる。会社から電車で一時間以内、両親の家の近く、予算の範囲内、田舎暮らし……こうして見ると、制約のありがたさがよくわかるだろう。

ほぼすべての意思決定には三つの共通する基準がある。それはスピード、コスト、クオリティだ。とはいえ、意思決定の制約は他にもたくさんある。そのすべてが選択を簡単にしてくれるのだが、反対に難しくもしている。制約があれば候補を絞る助けになるが、制約のせいで完璧な答えが除外されてしまう可能性もある。

たとえば、庭付きの一戸建てを考えているとする。ガーデニングや家庭菜園に興味があるからではなく、飼い犬の遊び場にするためだ。もしかしたら、あなたにとって完璧な家がどこかにあるかもしれない。その家はあなたが求めるすべての条件を満たしているが、唯一の欠点は庭がないことだ。そのため最初から候補に入らない。これはとても残念なことだ。実はその家のすぐ近くに、犬を遊ばせることができる大きな公園があるのに……。こんなにいい家をみすみす逃してしまったのは、最初の条件が厳しすぎたからだ。

すべての制約に「なぜ?」と疑問を投げかけることを習慣にしよう。なぜ庭が必要なのか？　なぜ寝室は三つ必要なのか？　なぜ駅の近くでなければならないのか？　すべての制約をひとつずつ検証していくと、なくなったり、姿を変えたりするものもあるはずだ。これはすべての意思決定にあてはまる。転職を考えているときも、自社製品の売上げを伸ばす方法を考えているときも、結婚式場を探しているときも、制約を外して考えてみる。そうすれば、以前は考えていなかった可能性に気づくこともできるのだ。

Rule 74

最初に糸のもつれをほどく

以前、知り合いのカップルが複雑な問題に直面していた。今住んでいる場所から二五〇キロ離れているロンドンに引っ越すか、子どもの学校はどこにするか、女性のほうが仕事の時間を少なくしてスキルを伸ばすトレーニングを受けるか、もしそうするなら何のスキルにするのか――どの決断も、どれかひとつが決まるまでは決まらない。こうした複雑にからみ合った問題は、どうしたらいいかわからないまま先延ばしにされることが多い。

まず行うのは、問題の順番を決めることだ。住む場所が決まらないうちに、子どもの学校のことを考えてもしかたがない。そしてロンドンに引っ越さないのなら、スキル向上のための学校も限られてくるだろう。つまり、ロンドンに引っ越すかどうかを決めるのが最優先ということだ。

最初に考える問題が決まると、問題が整理できるだけでなく、問題の優先順位を見直すきっかけにもなる。たとえば、最も重要なのは子どもの学校だということに気づくかもしれない。それならむしろ学校を先に決めて、学校の近くに引っ越すほうがいい。

問題がかなり整理されてきた。住む場所が決まるまで決まらない問題がわかり、そして自分にとっての最優先事項もわかった。ここから先は、最優先事項である子どもの学校を軸に他の問題も考えていく。住む場所は、いい学校に近い場所でなければならない。行きたい学校が決まれば、住む場所もすぐに決まるだろう。

ここで問題をひとつずつ切り分けて考えていく。まずはスキルアップのための学校だ。仮定の話として、完全に理想の世界なら、あなたはどんな分野のスキルを磨きたいだろうか？　**考えることをひとつに絞ったほうが、頭の中はずっとクリアになる。**もちろん、理想どおりに実行することはできないかもしれないが、理想がわかっていれば、どこまで妥協するかを意識的に決めることができる。

問題を順番に並べ、優先順位を決め、問題を切り分ける。この流れで考えれば、複雑にこんがらがっていた問題がずっとクリアに見えてくる。冒頭で紹介したカップルの女性もこのテクニックで思考することで、大きな失敗を回避できた（ただ近くに学校があるからという理由で、興味のない分野のスキルを磨こうとしていたのだ）。

複雑な問題も、ひとつずつ考えていけばそんなに恐れることはないのだ。

Rule 75

ちょうどよい量の情報を集める

ほとんどの決断は、コスト、時間、選択肢、意見といった情報の事前調査が必要だ。それに加えて忘れてはならないのが、多くの決断では他人の感情を考慮する必要があるということだ。経営体制を刷新するなら、部下の気持ちも考えなければならない。引っ越すなら、子どもの気持ちも考えなければならない。家を増築したらお隣から苦情が来るだろうか？　年老いた父親はわが家で一緒に住みたいと思っているのだろうか？

決断に関係する人物の感情は、すべて必要な情報だ。相手の気持ちをよく聞き、あらゆる変化に備えておかなければならない。必ずしも相手の希望どおりにするわけではないが、**自分の決断に相手がどう反応しそうかということは知っておく必要がある。**

率直に言って、決断のために必要な情報は非常に多い。関連するすべての事実や意見を集めることもできるが、おそらく時間がかかりすぎて決断せずに終わってしまうだろう。

ある友人は大嫌いな仕事を辞めたいとずっと言っていたが、いろいろ考えすぎて決断までに一〇年もかかってしまった。つまり、調査も大切だが、バランスも必要だということだ。

ちょうどよい量の情報を集めよう。情報不足は間違った決断につながるが、かといって情報が多すぎても頭が混乱して決められなくなる。しかし、ちょうどいい量とは、いったいどれくらいなのだろうか？　この質問に答えることはできない。ちょうどいい量はそれぞれの決断によって違うからだ。大切なのは、今の段階で必要な情報を集めること。**まだ必要ない情報で貴重な脳のスペースを埋めてはいけない。**

たとえば、ある仕事に応募することを考えているとしよう。この時点で必要なのは、「応募するか、しないか」を決めるための情報だけだ。おそらく、職務内容、報酬、働く場所、キャリアアップの可能性、また会社や経営者の評判も知っておいたほうがいい。これだけあれば、応募するかしないかの判断はできるはずだ。

応募すると決めたのであれば、そこから次の段階で必要な情報収集を始める。もし向こうからオファーされたら、あなたは本当にこの仕事を受けるだろうか？　ここで知りたいのは、仕事についてのもっと詳しい情報だ。勤務時間、出張の頻度、一緒に働く人たち、会社の業界内での評判、社員からの評判……。しかしここまで考えるのは、最初の決断をしてからだ。そうでないと不必要な情報で頭がいっぱいになってしまう。

Rule 76

アドバイスは慎重に聞く

大きな決断をするとき、私たちはたいてい誰かに相談する。同僚、家族、友達、専門家など、偏見がなく、バランスのとれたアドバイスをしてくれると思われる人たちだ。

しかし、この世に偏見のない意見など存在しない。事実に偏見は関係ないかもしれないが、いったいどの事実を選ぶのかというところに偏見が関係してくる。**いずれにせよ、意見はいつでも個人の見解であり、見解は人それぞれだ。**

たとえば、不動産投資について経験者に相談するとしよう。きっと経験者しかわからない秘訣をいろいろと教えてもらえるだろうが、それは彼らの個人的な見解だ。彼らは自分がうまくいった方法を勧めて、失敗した方法は勧めない。しかし投資は成功することもあれば失敗することもある。彼らの意見だけが正しい意見というわけではない。

もちろん、経験者の声にはそれなりの価値がある。しかし経験があるからといって、いつでも彼らのほうが正しいというわけではない。それを忘れないようにしよう。

また、事実は本当に客観的なのかという問題もある。政治の世界を見てみよう。対立する政党は、どちらも正確な事実を根拠にしながら、まったく違う主張をくり広げている。彼らは違うデータを選んだのかもしれないし、データの提示方法が違うのかもしれない。とにかく何らかの方法で、自分の主張を裏づけるデータであるかのように見せているのだ。

あなたの相談相手は、そんなつもりは毛頭ないかもしれない。しかし、**アドバイスに主観が入るのは避けられないことだ。**

私たちは物事に対して無意識の思い込みがあり、その思い込みが事実の見方に影響を与えている。お金持ちの家に生まれた人と、福祉住宅で生まれ育った人それぞれに、不動産投資のアドバイスをもらうと想像してみよう。彼らは不動産を買うということに対する考え方もまったく違うはずであり、その違いがアドバイスの中身に影響を与えることになる。本人にその気はなくても、自分の考えを裏づける事実だけを選んでいるだろう（ルール92も参照）。

アドバイスを求めてはいけないということではない。ただ、相手の偏見には注意しなければならない。アドバイスを求める相手のことをよく知り、彼らが持っていそうな思い込みや偏見を考慮したうえで、アドバイスの有効性を判断しなくてはならない。

Rule 77

自分が自分の相談相手になる

バスルームの壁を何色にするか、大家への苦情メールを本当に送信するのか——そうした問題で答えを出すにあたって、他人のアドバイスを参考にしたいときもあるだろう。そのとき、誰に尋ねればいいか？　母親や親友だろうか。あるいは同僚かもしれないし、パートナーや兄弟かもしれない。何を基準に選べばいいだろうか？

あるときのことだ。何を決めようとしていたのかは思い出せないが、ある人物に電話して相談しようとした。しかしその人がつかまらなかったので、今度は別の人に電話することにした。その人物は相談相手としては適任なのだが、なんとなく電話をしたくない気分だった。「ちょっと待て。なぜ私は彼に電話をしたくないのだろう？」。しばらく考え、そして答えが出た。私が聞きたいようなアドバイスをくれると思えなかったからだ。

これは興味深い状況だ。**つまり私は、欲しいアドバイスをすでに知っているということ**

になる。直感の声はすでに聞こえていて、その直感を裏づけてくれる人に相談したいと思っていたのだ。それを自覚すれば、もう誰かに相談する必要はない。自分の感情を十分に自覚していれば、自分で自分の相談相手になれる。

とはいえ、不思議なことに、そう単純な話ではないようだ。そもそも私たち人間は、誰かに相談するのが好きなのだ。だから、誰にも相談する必要はないなどと言われると、たいていの人はどこかでがっかりしてしまう。

人間は誰かに相談することで安心感を覚え、ある種の欲求が満たされる。正しい答えが手に入るという結果は、そういった効果のうちのひとつでしかない。たとえ望みどおりの答えが返ってくることは最初からわかっていたとしても、誰かに相談するのは自分のことを話すかっこうの口実になる。ありていに言えば、たいていの人は自分語りが大好きなのだ。

つまり、確かに誰かに相談する必要はないが、それでも相談をやめる必要はないということだ。ただ**「私は自分の感情を認めてもらうために相談しているのだ」**ということを自覚していればいい。

Rule 78

結論を急がない

一点ものの高級家具を作って地元で販売している会社から相談を受けたことがある。彼らの悩みは、製品が売れないことだった。地元の人が欲しがっていたのは小さなサイドテーブルや食器棚、壁に取り付ける棚などで、大型の高級家具の需要はほとんどなかったのだ。これは、間違った思い込みが大失敗につながる典型的な例だろう。

もうひとつ例をあげよう。知り合いのカップルが、四〇年前に住んでいた場所に引っ越すことに決めた。彼らは家を買い、庭をつぶして増築を行い、それまで住んでいた家を売った。そこまでに何年もかかっていたのだが、いざ引っ越すときになって気がついた。これでは友人や孫たちと遠く離れてしまう。それは彼らの望みではなかった。ただ懐かしい場所に住みたいという考えだけで動いてしまい、大切な条件をすっかり忘れていたのだ。

たいていの大きな決断は、小さな選択や決断の積み重ねだ。たとえば、自分のビジネスを始めるという決断をしたとしよう。そのためには、どんなビジネスをやるのか、どこにオフィスを構えるのか、どうやって資金を集めるのかといった決断が必要になる。ビジネスプランを描き、予想されるコストと売上と利益を計算する。

問題が起こるとすれば、それらの数字がただの予測だということを忘れてしまったときだ。他にも、市場がないのにあると思い込んでしまうのも大きな問題につながる。失敗が約束されたビジネスに全財産をつぎ込んでしまうかもしれない。冒頭に登場した家具会社は、こういったことを実際にやっていたのだ。

この種の間違いをしたくないと思うなら、思考プロセスの第一段階（ルール72を参照）を飛ばさないようにすればいい。何を決めるにしても、「私はなぜこう考えるのか？」と自問する。そう考える根拠はあるのか？　なぜそれが本当だと思うのか？　自分で考えるだけでなく、他の人の意見も尋ねよう。**できるだけたくさんの人の意見を参考にして、自分のプランの正当性を厳しく追及する。**

その情報は本当に正しいのか？　それは単なる思い込みではないのか？　なぜそれが正しい決断だと確信できるのか？　きちんと考えるという過程を飛ばすと、大きな穴にはまり込んでしまう。そうならないように気をつけなければいけない。

Rule 79

自分の感情を理解する

感情は正しい意思決定に欠かせない要素のひとつだ。とはいえ、間違った意思決定の犯人も感情であることが多い。どのチョコレートを買うか、何曜日に映画に行くかといった問題であれば、気分で決めても特に問題はないだろう。しかし、家を買う、車を買う、高額な旅行の予約をする、就職先を決める、あるいは怒りにまかせて辞表をたたきつけるといった決断では、感情が命取りになりかねない。

感情で決めたくなる気持ちはよくわかる。しかし、そのクセを放置していると、いつか取り返しのつかないことになる。身の丈に合わない高額なものを買ってしまうかもしれないし、誰かを不当に傷つけてしまうかもしれない。

特にわれわれ直感型の人間は、**すぐに決めたくなる自分を制し、決断の大きさに適した時間をかけるように心がけよう。**二四時間がちょうどいいかもしれないし、一か月かけたほうがいいかもしれない。大きな決断、大金がかかる決断の場合は、それなりの調査も必要になる。もちろんやっつけ仕事ではなく、ちゃんとした正しい調査だ。

そこで感情のもうひとつの問題が出てくる。感情にまかせていると、自分の直感を裏づけてくれるような事実ばかりを探してしまうのだ。高価な電気自動車を買いたい人は、電気自動車は維持費が安いといった情報ばかりを集める。海外で働きたい人は、いい経験になって将来のキャリアに有利になるという点にばかり注目する。豪華なバカンスに出かけたい人は、内容のわりにはお値打ちという理由で自分の欲望を正当化する。

「自分へのごほうび」というのもよく使われる言い訳だ。確かにあなたは、ごほうびをもらえるぐらい頑張ったのかもしれない。しかしそれだけでは、身の丈に合わない出費をする根拠としては、少し弱いと言わざるをえないだろう。

確かに電気自動車は環境にいい。海外で働けば、たくさんの可能性が開けるだろう。それに豪華な旅行はみんな大好きだ。私はここで、物事の善悪を論じているのではない。しかし、**それは今のあなたにとって、本当にベストの決断だろうか？　ここは感情だけで決めてはいけない状況だ。**預金残高、家族への責任、時間など、考えなければならない要素は他にもたくさんある。それでも正しくない決断をするというのなら、少なくとも目をきちんと開けて、自覚的に決断しなければならない。

Rule 80

理論と感情のバランスを考える

最高の意思決定をしたいのであれば、感情に支配されるのは禁物だ。しかし興味深いことに、感情をすべて捨てればいいというものでもない。

感情は非合理的であり、意思決定は合理的なプロセスでなければならないという「常識」がまかり通っているが、これはまったくの間違いだ。前のルールを見ればわかるように、感情は正しい意思決定の邪魔にもなるが、感情がまったくないのもまた問題だ。自分の行動を決めるとき、感情はいくつかの重要な役割を果たすことになる。

ひとつは、情報や事実の重要度を決める基準になるという役割だ。感情がないと、たくさんある情報のどれが重要かということが決められなくなる。

たとえば、アメリカで仕事をするのは興奮するしキャリアアップにもつながるが、アメリカにマーマイト（イギリス特有の発酵食品）は売っていない。あるいは、理想どおりのマンションの部屋が見つかったが、エレベーターが壊れたら四階まで階段で上がらなければならない。**自分にとってどちらの条件が重要かを決めるのは感情だ。**同じように、リスクを正確に評価するときも感情は不可欠だ（リスクについてはルール91で詳しく見る）。

感情は個々の条件でなく、全体的な判断にも影響する。たとえば、理想どおりのマンションが見つかったとしても、友達から遠く離れて住むのはやっぱり寂しいのではないかと心配になるかもしれない。この「寂しい」「心配」という感情を無視してはいけない。

また、感情を定量化することはできない。新しい友達ができるまでは「少し」寂しいかもしれないと「少し」心配しているのか。それとも永遠に不幸から抜け出せないかもしれないと絶望しているのか。この問いに答えられるのはあなただけであり、あなたの感情だけが答えを知っている。そして感情の要素も、他の客観的な要素と同じくらい大切だ。

決断に感情を持ち込むのが大切なもうひとつの理由は、**感情もまじえた決断は、「これは自分の決断だ」と感じることができる**からだ。それが正しいと心から信じ、決断が実現するように本気で取り組むだろう。さらには、より前向きな気持ちで取り組むこともできる。

つまり、合理的な思考と感情的な思考のバランスが大切だということだ。自分の内面で起こっていることを自覚し、感情が果たす役割を理解することがカギになる。

Rule 81

妥協できるようになる

欲しいものがいつでも手に入るわけではない。これは母がよく言っていた言葉だ。実際のところ、完璧に望みどおりのものが手に入ることなどめったにない。**完璧でないものでも受け入れる覚悟がないと、結局は何も手に入らないということになる。**

友人の母親は、一五年も前からずっと引っ越し先を探している。すべてが完璧な家でないと、どうしても買う気になれないからだ。前の家は一五年前にすでに売っていて、売ったお金はずっと銀行口座で眠ったままだ（彼女はそこから今の家賃を払っている）。すぐに次の家を買っていたらかなり価値が上がっていたかもしれないが、銀行に預けておくだけではほとんど利息もつかない。つまり手持ちのお金が減り、理想の家はますます遠のいていくということだ。もっと地価の安い場所にする、寝室を少なくする、庭の狭い家にするなど、条件を変えれば買える家もあるが、そのためには妥協が必要だ。

おわかりだろうか？　**妥協を拒否していると、決断をするのがとてつもなく難しくなる。**

友人の母親がいい例だ。たいていの場合、すべて妥協する必要はない。そして許容できる妥協は自分で選ぶことができる。

ここでまた感情の出番になる。たとえば、自分でビジネスを始めようとしているとき、ビジネスプランはできているが、もっとコストを削らないとうまくいかないとわかっている。コストを削るのは合理的な決断以外の何ものでもないと思うかもしれないが、実はそうでもない。まず、どうやってコストを削るのか？　もっと安いサプライヤーを見つける？　品質を落とす？　もっと安い場所でオフィスを借りる？　スタッフの数を減らして自分の労働を増やす？　これらの選択肢から決断するのは、かなり感情的なプロセスだ。

正しい意思決定のプロセスで、妥協は大きな位置を占めている。まず必要な妥協点を見つけ、自分がどこまで妥協できるのかを決め、そしてどの分野で妥協するかを決める。あるいは、各分野でバランスをとるという方法もあるだろう。こちらで大きく妥協するので、あちらでは小さな妥協にする、というように。

そして最終的な決断をする前に、自分の譲れない条件も知っておく必要がある。自分の最低ラインはどこか？　あるいは妥協点それぞれの最低ラインはどこか？　自分の決断に満足したいなら、これだけは絶対に譲れないというラインがあるはずだ。すべてに納得できる答えが出てから、最終的な決断を下すようにしよう。

Rule 82

選択肢Cを見つける

今ある選択肢のすべてが満足できないが、とにかく決めなければならないとしよう。たとえば、チームのメンバーが一人抜け、新しいメンバーを選ばなければならないとき。あるいは、パートナーと結婚することになったが、招待客の数で意見が割れているとき。とにかく何かに決めなければならないが、いい選択肢がひとつもないという状況だ。

ここでクリエイティブな発想が必要になる。**今ある選択肢がすべて使えないなら、他の選択肢を見つけなければならないのは明らかだ。**私の見たところ、これがうまくできるのは、ポジティブな気持ちで他の選択肢を探せる人だ。別の選択肢があると信じていれば、選択肢はきっと見つかる。別の選択肢なんてあるわけがないとあきらめていたら、使える選択肢は一生見つからないだろう。たとえ選択肢が存在してもそれに気づくことはない。

最初にあげた例で考えよう。求人広告を出して応募者の面接をしたが、これという人材が見つからない。それなら、たとえば仕事とはまったく無関係の雑誌などに求人を出したらどうだろう？　希望よりも経験が少ない人を採用して報酬を安くあげ、その分トレーニングにお金をかける？　あるいは、抜けたメンバーの穴は既存のメンバーで埋め、別の仕事で募集するという選択肢もある。いっそのことメンバーを補充しないのはどうだろう？

ここにあげたのは、考えられる選択肢のほんの一部にすぎない。すべてが使える選択肢ではないかもしれないが、使えるものもあるはずだ。そしてもちろん、ここにあげていない選択肢の中にも使えるものが必ずある。

相手と意見が割れている場合はどうだろう。あなたが選択肢Aを主張し、相手が選択肢Bを主張している。内心はどちらも争いをやめたいと思っているが、だからといって自ら降伏する気はない。ここで双方が主張を曲げることなく合意できる選択肢Cを探そう。

たとえば、あなたは家族だけの小さな結婚式を計画しているが、相手は一五〇人招待したいと主張しているとしよう。結婚式など挙げずに駆け落ちしたほうがロマンチックかもしれない。あるいは南の島でのリゾート婚にすれば、来られる人が自動的に減るだろう。南海の楽園にいるのだから、招待客の少なさなど気にならないではないか。または、少なくとも今すぐには結婚しないという選択肢もある。

ここでも選択肢はほぼ無限大だ。ただその中から使える方法を見つけるだけでいい。

Rule 83

悪い決断のコストを計算する

以前、ある友人が難しい決断で悩んでいた。そのとき私は彼に尋ねた。「最悪のシナリオだとどうなるんだ?」。すると、思いつめていた彼の表情がじわじわと明るくなっていったのを今でも覚えている。確かに大きな決断だが、最悪のシナリオが実現しても、そこまで最悪の結果にはならないと彼は気づいたのだ。

たとえば引っ越しを考えているとしよう。新しい転居先では家族を持ち、仕事をする。だから子育てがしやすく、通勤にも便利な場所でなければならない。ここで場所選びを間違えると、また引っ越すことになってしまう。できればそんな面倒なことはしたくない。しかし、あなたがまだ独身で、職場の近くで一人暮らしをするアパートを探しているのであれば、どうせ二、三年で引っ越すのだから、決断を間違えても傷は浅くてすむ。

あるいは、短期的には間違った決断に見えても、長い目で見れば大成功だったということもある。複数の会社から仕事のオファーがあったとしよう。就職先に選んだ会社より辞退した会社のほうがよかったのではないかと後悔するかもしれない。しかし五年か一〇年後には、断った会社ではとても望めなかったような地位まで出世している可能性もある。先のことは誰にもわからない。それは裏を返せば、**今は間違った決断だと思っていても、永久に間違いのままではないかもしれない**ということだ。

まず最悪のシナリオを想定し、それと同時にバックアップのプランも用意する。起業に失敗したらどうするか？　転職先の仕事が最低だったらどうするか？　第一志望の大学に落ちたらどうするか？　この思考プロセスが役に立つ理由は二つある。

ひとつは、最悪のシナリオを想定したシミュレーションであることだ。起業に失敗したとして、破産の恐れがあるなら、破産を回避するためにプランBが必要だ。しかしお金の問題がないのであれば、資産を売って前の仕事に戻るのがプランBになる。

そしてもうひとつの理由は、プランBがあると人生のストレスが大幅に軽減されるということだ。最悪のシナリオに備えたバックアップのプランがある人と、プランA以外は何も考えていなくて、何かあったらすぐにパニックに陥るような人では、大違いだ。

これはよく誤解されているのだが、**何もしないこともひとつの決断だ**。すべての選択肢を吟味するときは、「何もしない」という選択肢を入れるのを忘れないようにしよう。

Rule 84

後悔はエネルギーの無駄づかいだ

後悔ほど無駄な感情はない。後悔とは、過去に自分のしたこと、あるいはしなかったことを悲しむという感情であり、そして過去を変えることは誰にもできない。過去にしたことを変えられるのであれば、後悔する前に変えているだろう。それができないから、後悔という選択肢しか残されていないのだ。

実際のところ、違う決断をした場合の結果は誰にもわからない。断ったあの仕事、今から思うと完璧だったあの仕事をもし受けていたら、仕事の初日に喜びと興奮のあまり道路に飛び出して、車に轢かれて死んでいたかもしれない。隣の席の同僚がとんでもなく陰険な性格だったかもしれないし、クライアントにヘッドハントされたはいいが最低の仕事だったかもしれない……。確かにどの例もそうめったに起こらないことだが、起こったかもしれない出来事の可能性は無限にある。

つまり、後悔には意味がないということだ。どんな決断をしたのであれ、他の決断のほうが悪い結果になる可能性はつねにある。

過去の決断によって実際につらい思いをしているとしても、こう考え方を変えてみよう。**あなたはそのつらい経験があるからこそ、今のすばらしい人物になることができたのだ。**苦難や悲しみを乗り越えた人には人間的な深みが加わる。苦労しないということは、そのような貴重な経験を手放すということだ。だから、後悔はもうやめよう。どんな結果になっても、その経験から学んで成長すればいい。

あなたにできることは他にもある。過去を後悔する代わりに、未来の後悔を避ける工夫をするのだ。**これからはすべての決断で、心の底から確信を持ち、自分の意思であることを意識して決断しよう。**そこまで強い意志で決断すれば、後からふり返って自分の決断を後悔することはないはずだ。また同じ決断をすることになっても、前と同じ情報を集め、同じ選択肢を吟味し、同じ人に相談し、同じ妥協をして、同じ選択肢を選び、同じ基準を用いて、同じ感情を決断に活用し、そして同じ行動をとる。そう確信できるレベルの決断を目指す。

そこまでの決断であれば、後悔しようにもできないだろう。ときには違う結果ならよかったのにと思うこともあるだろうが、それで後悔の念にさいなまれることはない。

Rule 85

先延ばしを正直に認める

ときには「様子を見る」という態度がベストの選択肢ということもある。しかし、それは意図的で、意識的な選択でなければばならない。それに時間制限も必要だ。たとえば、一年間は売上の様子を見ようと決める、昇進があるかもしれないので半年は辞表を出さずにおく、住む場所が決まるまで結婚を遅らせるといったことが、「意図的な先延ばし」だ。

それ以外のケースでの先延ばしは、ただ決断から逃げているだけだ。言い訳するヒマがあったら、さっさと決めてしまうほうがいい。目の前の問題を直視し、まだ決断していない理由を正直に認めよう。そして自分の罪を告白したら、必要な行動を起こそう。

あなたが行動を起こせないのは、ただ単に正しい行動がわからないことが原因なのかもしれない。その場合は、足りない情報（事実と感情の両方）を見きわめ、その情報を手に入れる。正しい情報があれば、ベストの答えを出せるはずだ。

あるいは、どちらでもいいために、どちらにも決められないという状況もある。これはコーヒーにするか、紅茶にするかという決断と同じ種類の決断であり、その場合はコインを投げて決めればいい。

やるべきことはわかったが、それでも行動を先延ばしにしているとしたら？　そんなときは、実際に行動したときの晴れやかな気持ちを想像してみよう。家の増築が済んだらどんなにすばらしい気分になるだろう。ニューヨークでの新生活は、楽しいことがたくさん詰まっているはずだ。行動の結果を鮮明に思い描こう。新しい場所を想像し、新しい友達を想像し、新しいライフスタイルを想像するのだ。

どこから始めればいいのかわからなくても心配はいらない。**何でもいいから行動をひとつ選び、そこから始めればいいだけだ。**やることが少ないうちに早く始めるほど、すぐに気分が軽くなる。

ここまで見たような理由がすべて当てはまらない先延ばしもある。その場合は、おそらく心の奥に見えない問題が潜んでいるのだろう。結婚式の日取りが決められないのは、本当に結婚したいのか確信が持てないからかもしれない。自分に正直になり、本当の理由を探りだそう。そのうえで、日取りを決めてもいいし、キャンセルしてもいいし、気持ちが固まるまで延期してもいい。

第9章

批判的思考を養うための15のルール

ここまで８章にわたって考え方のルールを見てきたが、
あなたが身につけなければならない思考法がもうひとつある。
それは、批判的な思考法だ。

批判とは、合理的な基準で物事を評価するという意味だ。
批判的思考を身につけた人は、他人の意見を聞くときも、
ネットの記事を読むときも、本を読むときも、
それぞれの意見を適切に評価できる。
データや数字を分析して、自分の頭で正しいかどうか判断できる。
見方を変えれば、自分の意見を正しく評価できることにもなる。
それはとても楽しいことだ。

批判的な思考を生かせる人は、自分自身にとっても、
周りの人たちにとっても役に立つ存在だ。
仕事で有利になることは言うまでもない。

この章で中心になるのは知的な厳格さだ。
これまで見てきたルール50、79、80などを参考に、
感情が合理的な思考の邪魔にならないように注意してほしい。
データを分析するとき、議論を評価するとき、
選択肢を吟味するときは、合理的で、冷徹で、
論理的な脳だけを活用しなければならない。

Rule 86

脳に負荷をかける

ジョン・ダンを読みたくない人がいるなんて私にはまったく理解できない。彼は一七世紀のイギリスの詩人で、後にイングランド国教会の司祭にもなった。彼の名前を知らなくても、「人は孤島ではない」という言葉なら聞いたことがあるかもしれない。ダンの詩は短いものが多く、文章も読みやすい。気の向いたときに読んでもいいし、一日にひとつ読むと決めてもいいだろう。

しかし、なぜ私はそうやって「ダンを読まなければならない」とここで言うのか？　ダンの詩は、読む者の思考を刺激するからだ。ダンは逆接、反語、複雑な概念、理路整然とした議論を駆使して、豊かな情感を表現する。彼の文章を完全に理解するには、脳をフル回転させる必要がある。

最高レベルの批判的・分析的思考を身につけたいなら、骨のある素材で訓練するといい。あえて脳に「複雑な思考」という負荷を与え、必要になったら自然に複雑な思考モードに切り替えられる脳に鍛え上げる。そしてどうせなら無味乾燥な研究レポートを読んだり、数学の問題を解いたりするよりも、楽しく読める文章で訓練したほうがずっといい。

思考のエクササイズの楽しみを覚えたら、今度はぜひその楽しさを友達ともシェアすることをお勧めする。さまざまな事柄を話題にして、友達と一緒に思考訓練をしてみよう。友人や知人との会話というと、たいていは共通の知人の話題や、共通の趣味の話題だろう。それ自体に問題があるわけではないが、たまには本格的な議論ができる人とも話してもらいたい。話題は哲学、政治、心理学など、お互いに興味のあるものなら何でもいい。議論といっても、真っ向から意見をぶつけ合い、互いに一歩も譲らないような議論である必要はない。そもそも、それでは思考の訓練にならないだろう。

ここでの目的は脳を活性化し、柔軟性を高めることだ。自由な発想が縦横無尽に駆けめぐるような状態を目指している。それに加えて、何かを考えながら、その思考について思考できるようになってもらいたい。つまり、思考する自分を客観的に眺めるということだ。

自分の思考を、さらに上の視点から分析して批判する。それができるようになれば、あなたは立派な上級者だ。

Rule 87

思考を操られてはいけない

世の中には広告キャンペーンからフェイクニュースまで、他人を思いどおりに動かそうとする情報があふれている。私たちは、この豆の缶詰を買え、この音楽を聴け、この服を着ろ、この候補者に投票しろと言われ続けている。

私自身は人から指図されるのが好きではない。特に思考内容は自分で決めなければ気がすまないタイプだ。自分のことは、自分で考えて自分で決める。

とはいえ、豆の缶詰を買わないわけにはいけない。服も着なければならないし、音楽も聴くし、そしてもちろん投票もする。それに、テレビや雑誌やインターネットで触れることらのメッセージの中には魅力的に感じるものも確かにある。そして、自分はそもそもフェイクニュースと本当のニュースの見分けがついているのだろうか？

ここでカギになるのが正しい質問をすることだ。ここまで読まれたあなたはすでに自分の頭で考えるようになっているのだから、**あなたに製品、アイデア、信念を売り込もうとする人は、その裏に何か理由があるということを認識しているだろう。**彼らが売り込んでくるものが本当に欲しいのか決める前に、まずその理由を解明することが大切だ。

まず考えなければならないのは、誰が、どんな形で得をするのかということだ。たとえば「自転車に乗るときはヘルメットをかぶりましょう」というキャンペーンにお金を出しているのは医療業界なのか、ヘルメットメーカーなのか？　殺菌していない牛乳は危険だとさかんに言う人は、何か政治的な意図があるのだろうか？　などといった問いを持つ。

感情的・情緒的な言葉にも注意しなければならない。政治キャンペーンや広告はやたらと大げさな言葉を使うことが多い。彼らの狙いは、あなたの思考を自分の思いどおりに操ることだ。罪悪感を刺激する、恐怖に訴える、脅迫めいたことを言う。自分に対してそういったテクニックを使う人がいたら、すぐに気づかなければならない。

慈善団体の広告に出てくる飢えた子どもやかわいそうな動物は、たいてい見た目がとてもかわいい（この手法が倫理的に正しいかどうか、私には判断できない。興味深い議論になるだろう）。その団体自体は立派な活動していて、いずれにせよ寄付はすると決めるかもしれないが、彼らの意図はきちんと見抜いておかなければならない。

Rule 88

一歩引いて、広い視野で見る

ある企業の幹部が、野生動物保護の慈善団体の理事長職に応募した。採用試験に備え、彼女はその慈善団体についてかなり前から詳しく調べていた。仕事に必要な資格、能力、組織の構造、慈善活動の仕組み、お金の使いみち。それらを踏まえたうえで、自分がその仕事に適任である理由をまとめあげた。

準備ができると、彼女は私の友人にプレゼンの草稿を見せて意見を求めた。友人の話では、プレゼンは確かによくできていた。彼女が慈善団体に抱くビジョンは明確で、それを実現する方法も具体的だった。ただ問題は野生動物保護の話題がまるでなかったことだ。採用担当者はみな野生動物の保護に情熱を持っているはずで、たとえ彼女のマネジメント能力がどれだけ高くても、野生動物に興味がない人を採用しようとは思わないだろう。

これは誰もがやりがちな間違いだ。細部にこだわるあまり全体が見えなくなっている。ここでの問題は、自分に見えていない「全体」の存在にも気づいていないことだ。存在を知らないものを見ていないことに気づくには、いったいどうすればいいのだろうか？

その答えは、他のすべての思考スキルと同じだ。ひたすら練習するしかない。練習を重ねれば、意識しなくても自然に全体を見ることができるようになる。**これからは、何をするときも広い視野を意識するようにしよう。**「これの全体像は何だ？」という発想が自然に出てくるようになるのが目標だ。

たとえば皿洗いについて考えてみる。なぜ皿を洗うのか？　狭い視野で答えると「皿をきれいにするため」で、広い視野で答えると「衛生的な皿で食事をすることで家族全員の健康を守る」となる。ミーティングはどうか。ミーティングに出る理由を狭い視野で答えると「来週の展示会の計画を決めるため」で、広い視野の答えは「展示会を成功させて新規顧客を開拓し、会社の成長につなげる」となる。では、なぜ野生動物保護団体は理事長が必要なのか？　狭い視野の答えは「組織を円滑に運営するため」であり、広い視野の答えは「野生動物が幸せに暮らせる世界をつくること」だ。

なぜ子どもが寝る前に本を読んであげるのか。なぜバカンスに出かけるのか。なぜ犬を飼っているのか。はっきりした答えが見つからないこともあれば、答えがひとつ以上になることもあるかもしれない。正しい答えでなくてもかまわない。ここで大切なのは、効果的な思考法の訓練をすることだ。なぜこんな訓練をするかを考えてみても面白いだろう。

考え続ける力を鍛える

Rule 89

トップレベルの思考力の特徴は、他の人が思考をやめるところでまだ考え続けることだ。そして、このスキルは訓練で身につけることができる。

与えられた情報（またはアイデア）をただ受け取るだけではいけない。**情報は出発点であって、終着点ではないのだ。**では、その情報からどこへ行けるだろう？　この情報が本当なら、他にも本当かもしれないことはあるだろうか？　ここから先はどうなる？　何が推定される？　相関関係は？　推論は？

実際のところ、私たちはすべての思考でこれをやっている。ただ規模が小さいだけだ。たとえば、私があなたを映画に誘い、上映開始時間を伝えたとしよう。あなたはその情報を使って、仕事の後でいったん家に帰って着替える時間はあるか、それとも直接行かないと間に合わないか判断する。そして私が上映時間の長さを伝えたら、始まる時間と終わる時間を概算し、その日最後の上映なのだと判断する。

これは普通の思考力と単純な計算力があればわかることだ。しかし与えられた情報をただ鵜呑みにするだけでは、この発想は生まれてこない。ここで必要なのは、思考をやめないことだ。ひとつの情報から次の思考へ行く前に、立ち止まって考える。この流れは論理的だろうか？　レポートを読むときも、ニュースを見るときも、プレゼンを聞くときも、どこかに論理の破綻はないか、つねに注視する。

起業で成功する人は、普段から見たり聞いたりしていることから発想する。「待てよ。これが売れているなら、きっとああいう製品も売れるのではないだろうか……」

二〇〇五年、ある保険会社がまさにその発想で新しい自動車保険を考案した。女性ドライバーのほうが事故が少ないことは誰もが知っていて、統計的な事実でもある。その他にも女性と男性で行動が異なる分野がある。たとえば、女性は男性より持ち運ぶ荷物が多いといったことで、これもまた広く知られた事実だ。しかし、自動車とハンドバッグと保険を組み合わせて考えることができたのはひとつの保険会社だけだった。その会社は、女性だけを対象にした自動車保険を発売した。この保険の特徴は、保険料が安いこと、そして標準プランでハンドバッグの補償もしてくれることだ。

こういった思考は、すべてある情報からさまざまな推測を重ねているのだ。

脳にデータを与えすぎない

Rule 90

情報を分析して何らかの結論を出そうとしているとき、大きな問題のひとつは、データが多すぎることだ。そんなときは、どの情報を参照にして、どの情報を無視すればいいのだろうか？　正しく情報をふるいにかけ、必要な情報だけを残し、捨てるべきではない情報を捨てないようにする方法はあるのだろうか？

事実はとても重要だが、自分の決断には必要ない事実もある。それをどうやって判断するのか？　または、互いに矛盾する事実がある場合はどうするか？　同じような働きをする二つのデータがあるのなら、どちらを選べばいいのだろう？

まず大切なのは、情報が多すぎるのも害になると認識することだ。データを使って誰かを説得したいなら、大量のデータで相手を圧倒するよりも、厳選したデータでわかりやすく説明したほうがうまくいく。

そして次のステップは、情報のスリム化だ。一日かけて情報を調べ、それからスリム化するよりも、最初からふるいにかけておけば情報集めは半日で終わるかもしれない。ここでのコツは、**始める前に、必要なデータと不要なデータをあらかじめ決めておくことだ。**

つまりこれは、最終的な目標を明確に定めるということでもある。目指す地点が決まっていれば、それに合わせて情報を吟味し、必要かどうか判断することができるだろう。

ここでの目標は、たとえば「市当局に自転車専用道路を整備させる」だけでは不十分だ。今の時点で、とにかく自転車専用道路を作るということだけ決まればいいのか？　それとも実際のルートまで決めたいのか？　彼らはどんな情報に反応するだろう――自動車事故に関する数字？　それともコスト？　観光客の誘致？　地元住民の賛成？　こちらがどう出れば彼らは「ノー」と言うだろう？　あるいは「イエス」と言わせるには？　これが情報を絞り込むということだ。

相手に提示すべき情報がわかれば、どんな議論を組み立てればいいかがわかり、その議論に必要なデータもわかる。観光客の誘致の線で攻めるつもりがないのなら、観光に関するデータを集めても仕方ない。

この**「関係あること」と「関係ないこと」を区別する能力は、批判的思考には不可欠だ。**この能力があれば時間の節約になるのはもちろん、頭の中を整理して、本当に考える必要のあることに思考力を集中することができるはずだ。

Rule 91

オッズを計算する

あなたが飛行機恐怖症で、隣に座っている人は飛行機に乗っていて怖いと思ったことは一度もないとしよう。その場合、あなたが考える墜落のリスクと、隣の人が考える墜落のリスクはだいぶ異なる。さらにいえば、安全な地上で駐機しているときと飛行中でも、あなたのリスク計算は異なるだろう。

私たち人間はリスク計算が苦手だ。それが人間らしさの一部でもあるのだろう。たとえ専門家でもつねに正確なリスクがわかるわけではない。とはいえ、何らかの行動をとるときのリスクを計算するにあたって、考えられる落とし穴を理解しておくのは大切なことだ。

リスク計算で使う批判的思考のテクニックのひとつは、プラスとマイナスを考慮することだ。たとえ小さなリスクでも、最高の結果でも最少の利益しか生まず、最悪の場合は大惨事につながるなら、そのリスクをとる価値はないだろう。一方で、リスクは大きくてもリターンが巨大であり、損失も最少に抑えられる可能性があるのなら、そのリスクは考慮に価する。

もうひとつ覚えておかなければならないのは人間の性質だ。たいていの人は、大きなリターンの可能性があるのなら、たとえ大きな損失の可能性があってもリスクをとりたがる傾向がある。また、自分が好きな行動のリスクは過小評価して、嫌いな行動のリスクは過大評価する。自分がコントロールできる行動、たとえば自動車の運転、スキー、階段の昇降といった行動のリスクは過小評価しやすい。また、気分がいいときはどんなリスクも過小評価し、怒りや恐怖を感じているときはどんなリスクも過大評価する傾向もある。

ここで重大なリスクを指摘しよう。それは、**普段から注意力を高めておくことを怠ると、気づくべきリスクを見逃してしまう**というリスクだ。大きなリスクに目を奪われているときは特に注意しなければならない。飛行機が落ちる心配ばかりしていると、家にパスポートを忘れてきてしまうかもしれないのだ。

累積するリスクにも注意が必要だ。ある種の決断は、リスクが鎖のように連なっていることがある。また、あるリスクが他のリスクを誘発するということもあるだろう。

Rule 92

事実の解釈に注意する

ルール76でも見たように、思考の大きな落とし穴のひとつは、自分の考えを裏づける事実やデータばかり信じてしまうことだ。この現象は「**確証バイアス**」と呼ばれている。自分の説を裏づける事実ばかり集めたり、事実を勝手に解釈したりする。確証バイアスは人間の本能のようなものだ。自分が正しいと確信するのは気分がいい。

しかし、優秀なあなたならこんな罠にはまらないはずだ。**レベルの高い思考は、必ずしも気分のいいものではない。**ときには自分の思い込みを検証したり、ある問題への態度を一八〇度転換したりする必要もある。しかし、最高レベルの思考を目指すなら、これは必要な代償だ。あなたはすでに、自分を盲信してお気楽にすごせるような立場ではない。

事実はあなたを助けるために存在しているのではない。事実は事実だ。ときにはあなたを支持してくれることもあるが、あなたの間違いを厳しく指摘することもある。事実には感情を排して向き合わなければならない。主観的な意味づけは事実の仕事ではないのだ。

たとえば、一〇〇〇人を対象に「好きな犬種は何ですか？」という調査をしたとする。その結果、第一位はラブラドールで、ラブラドールと回答した人は全体の八パーセントだったとする。これは厳然たる事実だ。

そこにラブラドールが好きな人が現れ、この結果を見たとしよう。その人物は喜ぶが、特に驚きはしない。ラブラドール好きにとっては当然の結果だからだ。しかし、アンチ・ラブラドールがこの結果を見ても、「わが意を得たり！」と大喜びするかもしれない。ラブラドールが好きな人間なんて一〇パーセントにも満たないじゃないか、と。

いったいどちらの解釈が正しいのだろうか？　もちろんある意味ではどちらも正しい。ラブラドール好きも、アンチ・ラブラドールも、データを正確に読み取っている。しかしデータの解釈は正反対だ。両者とも確証バイアスの罠にはまっている。

事実の解釈には注意しなければならない。**本当のことを知りたいのであれば、自分の思考プロセスを厳しく監視することが求められる。**確かに気持ちのいいことではないかもしれないが、それでもやらなければならないのだ。

Rule 93

統計を信じてはいけない

統計の八七パーセントはその場ででっち上げられている――これは私がよく引用する統計だ。数字が五六パーセントになることもある。

統計の真の姿を理解するには、統計は相手を説得するために都合よく操作されるという事実も理解しておかなければならない。自分の主張に統計を引用すると、いかにも本当のことを言っているように聞こえるものだ。統計ほど信頼できるものはないと思われているが、それは幻想にすぎない。統計自体に間違いはなくても、その統計を持ち出す相手の意図を考えなければならない。

まず確認したいのは、相手の情報がどこから出ているのかということ、そしてその情報を調査するために誰がお金を払ったのかということだ。その情報は本当に中立か？　調査対象の規模は？　一万人？　それともたった八人？　調査対象は誰？　アンケートのような調査なら、質問の中身は？

よくある事実操作の例をひとつ紹介しよう。ある本屋の来客数が、去年は一〇人で、今年は二〇人だったとする。数字だけ見れば、来客数が倍増したという主張に間違いはない。しかし、増えた人数はたったの一〇人だ。普通の本屋であれば、経営の心配をしたほうがいい状況だろう。同じように、一〇〇人から一五〇人に増えたのなら、去年の来客数は今年のわずか三分の二だったという表現もできるし、今年は五〇パーセントの増加だという表現もできる。どちらも事実だが、与える印象はだいぶ違う。

そこにグラフやチャートが加わるとさらに誤解を招きやすくなる。もっともわかりやすい例は、左の角がゼロから始まっていないグラフだ。何かの数を比べる棒グラフを想像してもらいたい。ひとつの棒は一五五個で、もうひとつの棒は一六〇個の場合、棒の高さはほぼ同じになるはずだ。しかし、グラフの縦軸がゼロではなく一五〇から始まっていたらどうだろう。ひとつの棒は五個になり、もうひとつの棒は一〇個になるから、棒の高さは二倍になる。こういったテクニックは、すべて見る人をだますために存在する。

そして最後にもうひとつ。それは、**自分の主張と矛盾するような統計を提示するような人は誰もいない**ということだ。誰かが統計を見せながらあなたを説得しようとしたら、他の解釈ができるような統計がないかつねにチェックしよう。しかし言うまでもないことだが、その統計もあなたを欺こうとしていることを忘れてはならない。

Rule 94

因果関係を正しく理解する

二つのデータの間に関連があるという主張をしてくる人がいたとしよう。彼らはチャートやグラフまで駆使して自分の正しさを証明しようとする。確かに彼らが正しいときもあるが、そんなには多くない。あなたはトップクラスの批判的思考ができる人なのだから、相手の言うことを額面どおりに受け取ることはないはずだ。**二つを切り分けて検証し、本当に関連があるのか確かめなければならない。**

そして、もし本当に何らかの関連があるのなら、次にそれが因果関係なのかを確認する。因果関係とは、一方が原因となり、もう一方の結果になるという関係だ。たとえば、ある集団で喫煙者が増えれば、その集団内で肺の病気にかかる人が増えるという関係が因果関係だ。なぜ原因と結果だと断言できるかというと、喫煙は肺の病気につながるという事実があるからだ。

二つのデータ（仮にAとBと呼ぶ）が相関関係にある場合、考えられる説明は四つある。

- **AがBの原因になる**
- **BがAの原因になる**
- **因果関係はない**
- **他の何かがAとB両方の原因になっている**

典型的な例をあげよう。夏になると、アイスクリームの売上げと殺人件数が上昇する。これは相関関係だが、どちらかがどちらかの原因になっているだろうか？　むしろこの場合は、もうひとつの要素である「暑さ」が、二つの要素の原因になっていると考えられる。

データや情報はそのまま受け取ってはいけない。誰が調査したのか、誰が調査の対象になったのかということまで確認するのが大切だ。不妊治療を受けた女性は卵巣ガンにかかりやすいことはかなり前から知られていて、治療に使うホルモン剤が原因だと考えられていた。しかし最新の医学によると、原因は不妊そのもので、治療は関係ないということになっている。もちろん、言うまでもないことだが、調査の対象になったのはすべて不妊治療を受けた女性だ。その事実を考慮する必要もあるだろう。

Rule 95

正しさを証明できないからといって、正しくないわけではない

「真実だと証明できないなら真実ではない」とよく言われるが、これは最も広く普及している偽科学的思考のひとつだ。

たとえば、テレパシーは科学的な根拠がないのだからありえないという話をよく聞く。しかし忘れてはいけないのは、かつては地球が太陽の周りをまわっていることも科学的に証明できなかった。だからといって地球が太陽の周りをまわるのをやめるわけではない。

私自身、テレパシーを信じているわけではないが、鼻で笑ったりもしない。悲しいことに私は魔法を信じていないので、もしテレパシーが存在するとしたら科学的に説明できるはずだと考える。ただその科学的な根拠がまだ発見されていないだけだ。

つまり、**証拠がないからといって、何かを否定するのは間違っている**ということだ。ここでもまた、自分の知性を駆使する必要がある。

究極的に、ほぼすべての物理法則は証明不可能だ。物理学者に尋ねても、同じように答

えるだろう。ただその法則のとおりになる事象が十分に集まった段階で、科学的な法則として扱うようになったにすぎない。

その一方で、**証拠があるからといって正しさが証明されるとはかぎらない。**私の周りでも、あまりにも多くの人が、自分の経験という証拠が正しさの証明になると勘違いしている。たとえば、瞳の色が茶色い人は数学が得意だという調査結果があるとしよう（もちろんこれは私が勝手に考えた）。そのことを誰かに話すと、「いや、それは間違っている。自分の友達で数学が得意な人がいるけれど、その人は青い目だ」、あるいは「自分が知っている瞳が茶色い人は数学が苦手だ」と反論されたりするのだ。

思考力の優れた人であれば、この主張の無意味さが理解できる。最初のデータ（私がでっち上げたデータだが）は、茶色の瞳の人は例外なく数学が得意だとは言っていない。ただ数学が得意な人に茶色の瞳の人が多かっただけだ。また、瞳が茶色くない人は例外なく数学が苦手だとも言っていない。データに合わない例が存在するからといって、データそのものを否定することはできないのだ。

証拠と証明を混同してはいけない。証明されていないことは本当ではないと考えるのも間違っている。先入観を捨て、与えられたデータをすべて検証することが大切だ。できるかぎり感情を排し、冷徹で客観的な思考が求められる。

Rule 96

思い込みを疑う

性格的に周りに合わせるタイプの人は、批判的思考が苦手なことが多い。協調性が高いこと自体が悪いわけではないが、問題にもつながることは自覚しておこう。ルール1でも見たように、あなたの価値観や信念は周りの影響から自由であるべきだ。

自分の頭で考えることが大切なのは、批判的思考でも同じだ。誰もが同じ思考回路だったら、新しいアイデアは生まれない。ダーウィンが周りの意見に合わせるタイプだったら進化論を思いつくこともなかっただろう。一か所に定住して農耕と牧畜を始めようと考える人がいなかったら、人類は今でも狩猟と採集の生活をしていたかもしれない。

歴史上の偉大な発明家たちは、周りと同じことを考えていなかった。あなたも彼らを見習い、たとえ自分が信じていることでも、つねにその根拠を確認しなければならない。自分の思考回路に自覚的になり、そして何よりも「みんながそう言っているから」の罠にはまらないことが大切だ。

あらゆる思い込みは、思考を怠ける言い訳でしかない。どんな理由でそう思い込んでいるにしても同じことだ。思考のルールを実践する者は決して怠けない。少なくとも思考を怠けないことだけは確かだ。

もちろん、すべてにおいて他の人と違う考えでなければならないわけではない。むしろ同じ考えでいいことはたくさんある。世の中には、議論の余地のない考え方も存在するのだ。たとえば自動車業界の人であれば、車はできるかぎり安全であるほうがいいと信じているはずだ。私もその考えに異論はない。しかし、あなたが自動車業界の当事者であるなら、ただ漫然と信じていてはいけない。なぜ業界にはそのような信条があるのかをよく理解し、意識的に信じることが求められる。

とはいえ、おそらく自動車業界には、「車は速いほどいい」「エンジンはフロントに搭載するべき」「フロントガラスの汚れを拭き取る手段はワイパーだけである」「後部座席の真ん中の席は両端と同じくらい座り心地をよくする必要はない」（個人的にはまったく賛同できないが）といった共通認識もあるはずだ。しかし、周りの人が信じているからといって、何も考えずに信じてしまっていいのだろうか？　正しいものもあるかもしれないが、自分の頭で考えるまでは、本当に正しいのかどうかはわからない。

Rule 97

信じたいからという理由だけで信じてはいけない

荒唐無稽な陰謀論を信じる人たちが、私は昔から不思議でたまらなかった。たとえば、地球平面説を唱える人たちだ。彼らは自分の信念を守るためなら平気で事実をねじ曲げ、ウソにウソを重ねる。どこからどう見ても擁護しようのない説であっても関係ない。

ありえないような話を信じる人たちは、ただ単純に自分が信じたいから信じているのだろう。もちろん彼ら自身は自覚していない。自覚していたら、自説の正当性が失われてしまうからだ。

私が今までに会った陰謀論者たちは、みな自分の説を実に楽しそうに説明してくれたものだ。それに正直に告白すると、私もたまにはその楽しさにはまってしまいそうになる。面白い話に目がないからだ。実に残念なことなのだが、正しい説明はたいてい地味で常識的だ。陰謀論のほうがずっと面白く、プロットもよく練られている。

いずれにせよ、私たち懐疑派にとって、陰謀論はフィクションとして楽しむものだ。しかし、陰謀論は極端な例かもしれないが、似たようなことは誰もがよくやっている。**確かな証拠があるから信じるのではなく、信じたいから信じるのだ。**

たとえば、多くの人はＳＮＳはいいものだと信じたがる。支持する政党は他の政党より優れていると信じていて、パートナーは浮気をしていないと信じていて、自分の製品は売れると信じていて、うちの犬は今日は散歩に行きたくないだろうと信じている。その反対が事実であることを示す証拠がどんなにたくさんあっても関係ない。まるで目隠しをつけた競走馬のように、頑なに目を背けている。そしてないに等しいような「自分の説を裏づける証拠」に必死でしがみついているのだ。

自分の好きな考え方、信念、アイデアほど、もっとも厳しい検証が必要だ。信じていたいこと、何らかの形で自分の利益になることには、意識して疑いの目を向けなければならない。

自分が考えたいことを考えていることに気づいたら、それをきっかけに信念や意見を厳しく検証してみよう。そのときに必要なのが、正直さと自己分析の能力だ。

Rule 98

悪魔の代弁者になる

この本で学んだことをすべて実践したとしても、自分の思考が本当に正しいか確信が持てないこともある。そんなときの対処法は、違う人のふりをすることだ。

さあ、自分を相手にとことんまで議論してみよう。あなたと正反対の意見を持つ人になりきるのだ。自分の意見やアイデアの穴を見つけ、矛盾を鋭く突き、弱点を指摘する。自分の意見が誰か嫌いな人の意見だと想像して、遠慮せずに徹底的にやっつけてやればいい。相手をとことんまで追い込み、完膚なきまでに論破するのだ（まあ、その相手はあなた自身なのだが）。

いずれにせよ、自分の考えに異議を唱えるのは大切なことだ。自分の意見、ものの見方、データの解釈、お勧めするものを疑ってみる必要がある。あなたが信じるのであれば、どこから攻められても崩れないほど強固な論拠を固めなければならない。

自分の意見を変えさせることに成功したら、自分をほめてあげよう。しかしせっかくここまで読んだのだから、意見を変えさせるよりも、自分はやっぱり正しかったと確信する結果になるのが望ましい。

とはいえ、まったく自分の意見が変わらないというのもまた問題だ。正しく自分に反論しているなら、一度か二度は意見の修正が必要になる。態度を一八〇度変えることはほぼないだろうが、仮にそうなったとしても、自分の反論が成功したと誇りに思うべきだ。最初の意見が間違っていたことを、あまりネガティブにとらえてはいけない。間違った意見は、正しい結論にいたる通過点にすぎなかったと考えよう。

ディベートなどで、批判的な立場で反対意見を述べる役割の人を「悪魔の代弁者」と呼ぶ。自分に対して悪魔の代弁者を演じることには、自分の視野を広げるという利点もある。対立する立場のどちらも理解できる能力は、生きていくうえで大きな助けになってくれるはずだ。他者により共感できるようになるだけでなく、思考力も向上させることができる。

つまり、悪魔の代弁者となって自分に反論することは、当面のアイデアの有効性を確認するだけでなく、全般的な思考スキルも鍛えてくれるということだ。

Rule 99

自分の考えに固執しない

情勢、あるいは一般的な見解が変わった場合、あなたの意見はどうなるだろう？　情勢の変化に合わせて自分の意見も変えるのか、あるいは修正するのか。それとも、今まで間違っていなかったのだから、これからも間違っているはずがないと信じ、自分の意見にしがみつくだろうか？

たいていの人は後者を選ぶが、これはまったく意味のない行動だ。確かに人間は本能的に変化を嫌う。とはいえ、科学の進歩は変化のうえに成り立っていることを忘れてはいけない。新しい情報や事実が登場し、それに合わせて誰かが考えを変えたり修正したりしたおかげで科学はここまで発展したのだ。

これがあてはまるのは科学の世界だけではない。社会的な態度や慣習も変化によって進歩してきた。たとえば欧米社会の人種、セクシュアリティ、女性に対する考え方は、私が子どものころと比べてずいぶん変化した。誰もが慣れ親しんだ偏見を捨てずにいたら、社会の変化はもっと遅くなっているだろう。

社会的な態度は変化がとてもゆっくりだ。むしろ変化に気づかないほどゆっくり変わるので、変化が可能になっている面もある。たいていの人は、一度固まった考えはなかなか変えようとしない。これは目の前の決断にもあてはまる。引っ越す、この製品ラインを発売する、地元に女子サッカーチームをつくる、ビーガンになる、製品価格を下げるといった決断をすると、それが絶対に動かせない前提になってしまうのだ。

しかし、**行動を始めたら思考は終わりだなんて、いったい誰が決めたのだろう？** 一度決めたからといって、新しい情報が手に入ったのなら、それに合わせて結論を見直すべきではないだろうか？　たとえば昔の人は、喫煙は体にいいと信じていた。そこに新しい研究結果が現れ、喫煙は健康に悪いということが証明された。喫煙者はこの情報を無視するべきだと思うだろうか？　もちろんそんなことはないだろう。

あなたは引っ越しをすることに決めた。しかし、別の件でいきなり大金が必要になった、または家を出ていた息子が戻ってくることになった、あるいは住宅市場が急変したとしよう。そこまで状況が変わったのなら、引っ越しを再検討するのが正しい判断だ。それでも引っ越すことにするかもしれないし、しないかもしれない。いずれにせよ、変化の可能性は受け入れるべきだろう。

Rule 100

意見と事実は違う

私はこの章の冒頭で、批判的思考に感情の出番はないと言った。しかし、いわゆる「合理的」な議論の多くは、実際のところは感情論であり、合理的でも何でもない。あなたはそれを見分ける能力を身につけることが必要だ。

ここイギリスでは、「わが国はEUの一部であるべきか」という議論がもう半世紀も続いている。加入するべきか、脱退するべきか、この条約に署名するべきかといった議論が持ち上がるたびに、EU派と反EU派で大激論がくり広げられる。ここまで長く話し合ったのなら、そろそろ正しい答えが出ていてもいいはずだと思うだろう。しかし、それはまだわからない。おそらくこの先もわからないだろう。

なぜ答えが出ないのか。それは、この問いに正解も間違いもないからだ。経済、移民、産業がどうなるのかは、実際にやってみるまでわからない。すべては予測であり、仮定の話であり、最悪のシナリオだ。自分の考えの正しさは事実が証明していると主張する人たちは、自分を偽っている。もしどちらかの考えが本当に事実によって証明されたのなら、ほぼすべての人がそちら側についているだろう。

昔から政治と宗教の話はするなと言われているのも、立場が違えば必ずケンカになるからだ。**それぞれの立場には確かに一理あるが、合理的な思考によって到達した立場ではなく、合理的な反論に耳を傾けるつもりもない。**にもかかわらず、人々は政治や宗教の議論が好きだ。本人は合理的な議論のつもりかもしれないが、自分の意見と矛盾するような事実や数字を突きつけられると、むきになって自説を擁護する。むしろ人々がこの傾向を自覚して、感情的になっていることを認めてしまったほうがいいのではないだろうか。「合理的な議論に興味はない。理屈は関係なく、ただこれを信じているだけだ。根拠は事実ではなく、私の価値観だ」と、なぜはっきり認めてしまわないのだろう。

非合理的な信念を持つのは悪いことではない。しかし、それを自覚することは必要だ。他の人がその状態になっていることにも気づき（もちろん彼らはあなたほど自覚していない）、どんなに説得しても相手の意見は変えられないことを受け入れなければならない。議論したいならしてもかまわないが、出口のない議論になることは覚悟しよう。

シリーズ絶賛発売中！

『できる人の人生のルール[新版]』The Rules of Life
本体価格　1500 円＋税

『上手な愛し方[新版]』The Rules of Love
本体価格　1500 円＋税

『上司のルール』The Rules of Management
本体価格　1500 円＋税

『できる人の自分を超える方法』The Rules to Break
本体価格　1500 円＋税

『できる人の人を動かす方法』The Rules of People
本体価格　1500 円＋税

『できる人のお金の増やし方』The Rules of Money
本体価格　1500 円＋税

『賢い人のシンプル節約術』How to Spend Less
本体価格　1500 円＋税

できる人の考え方のルール The Rules of Thinking

発行日 2021年 3月20日 第1刷
2021年 5月24日 第3刷

Author リチャード・テンプラー
Translator 桜田直美
Book Designer 竹内雄二

Publication 株式会社ディスカヴァー・トゥエンティワン
〒102-0093 東京都千代田区平河町2-16-1 平河町森タワー11F
TEL 03-3237-8321（代表）03-3237-8345（営業）
FAX 03-3237-8323
https://www.d21.co.jp

Publisher 谷口奈緒美
Editor 千葉正幸

Store Sales Company
梅本翔太 飯田智樹 古矢薫 佐藤昌幸 青木翔平 青木涼馬 小木曽礼丈 越智佳南子
小山怜那 川本寛子 佐竹祐哉 佐藤淳基 副島杏南 竹内大貴 津野主揮 直林実咲 中西花
野村美空 廣内悠理 高原未来子 井澤徳子 藤井かおり 藤井多穂子 町田加奈子

Online Sales Company
三輪真也 榊原僚 磯部隆 伊東佑真 大崎双葉 川島理 高橋雛乃 滝口景太郎 宮田有利子
八木眸 石橋佐知子

Product Company
大山聡子 大竹朝子 岡本典子 小関勝則 千葉正幸 原典宏 藤田浩芳 王廳 小田木もも
倉田華 佐々木玲奈 佐藤サラ圭 志摩麻衣 杉田彰子 辰巳佳衣 谷中卓 橋本莉奈 牧野類
三谷祐一 元木優子 安永姫菜 山中麻吏 渡辺基志 安達正 小石亜季 伊藤香 葛目美枝子
鈴木洋子 畑野衣見

Business Solution Company
蛯原昇 安永智洋 志摩晃司 早水真吾 野﨑竜海 野中保奈美 野村美紀 羽地夕夏 林秀樹
三角真穂 南健一 松ノ下直輝 村尾純司

Ebook Company
松原史与志 中島俊平 越野志絵良 斎藤悠人 庄司知世 西川なつか 小田孝文 中澤泰宏
俵敬子

Corporate Design Group
大星多聞 堀部直人 村松伸哉 岡村浩明 井筒浩 井上竜之介 奥田千晶 田中亜紀 福永友紀
山田諭志 池田望 石光まゆ子 齋藤朋子 福田章平 丸山香織 宮崎陽子 岩城萌花 内堀瑞穂
大竹美和 巽菜香 田中真悠 田山礼真 常角洋 永尾祐人 平池輝 星明里 松川実夏 森脇隆登

Proofreader 株式会社T&K
DTP 株式会社RUHIA
Printing 大日本印刷株式会社

ISBN978-4-7993-2723-4